# 星座大戰

## 勇闖澳門篇

作者／PIEPIE

澳門地區有哪些好吃好玩的呢，
跟著這本書準沒錯，一起輕鬆有趣的旅遊探索吧～
——阿嬤 ♈ 圖文作家

全新的旅遊概念書，將十二星座旅人風格融入
旅遊情境；私房巷弄、在地人文鉅細靡遺活潑呈現，
PIEPIE肯定是澳門的包打聽。
——克里斯·李 ♏ 旅遊作家

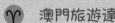
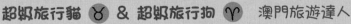

「戀愛巷」原來跟戀愛沒有關係？「板樟堂」原名叫龍鬚堂？墳場裡
竟然隱含私房景點？這些有趣的冷知識或許連澳門人也沒聽過喔！想知
道更多嗎？很推薦大家細細品味《星座大戰 勇闖澳門篇》！這本書以活
潑搞笑的漫畫方式，介紹許多澳門有趣小知識，不單適合對澳門有興趣
的遊人，澳門人閱讀時也很津津有味呢！
——超級旅行貓 ♉ & 超級旅行狗 ♈ 澳門旅遊達人

## 作者的話

大家好！我是PIEPIE，很高興又有新書推出了！

而且不是星座書這麼簡單喔！

一直以來，除了星座也有想過畫別的故事題材，但是……

編輯姐姐～我想出一本全裸制服圖鑑，畫很多制服的美少女，你說好不好？

不好。

討厭死你了……詛咒你以後吃的泡麵都沒有調味粉。

把調味粉還我！

時報怎可能出這樣的書！再說你出普通的不行嗎？

像是日常生活那種！

那要不要出本旅遊書？像是12星座遊澳門這樣子？

這個可以喔！

澳門距離不會很遠，好吃的東西又多，還有葡撻（葡式蛋塔）！

還有文化遺產喔！

對呢～這個題材不錯喔！

不過等一下？PIEPIE你是澳門人嗎？怎樣記得你好像說過是香港人……

所以你是哪裡人？

這個嘛……

PIEIPE 生平
199X 年生於中國內地。

200X 年移民到香港。

201X 年定居澳門
已獲澳門身分證。

那我問你，
我到底是哪裡人？

這個嘛……

順帶一提，下一個
目標就是臺灣囉！

這個問題就留給讀者思考好了，
那個 PIEIPE 呀，你還有什麼
要跟讀者說嗎？

頁數不夠用了。

呀，對了～
差點忘了。

免責聲明！
本書所有內容的時效性
與正確性並不保證。所
以因為這本書而直接或
間接造成的損失，我不
會負責喔！

給我負起責任來！

記得去 GOOGLE
澳門攻略喔～

不要～

其實作為一個新澳門人，
有些東西我也是一知半解
的，雖然可能有些錯漏，
不過我還是想把這個地方
的一切，分享給大家！

希望大家看完這本書，
對澳門有新的了解～

澳門之旅
LET'S GO！

# 目錄

## Chapter 1 ★ 古蹟篇

# 序章
# 鏘鏘！12星座登場

這次我們將要跟 12 星座一起去旅行，
來看看他們是怎樣的旅伴吧！

巨蟹座：06 月 21 日～ 07 月 22 日

白羊座：03 月 21 日～ 04 月 19 日

金牛座：04 月 20 日～ 05 月 20 日

獅子座：07 月 23 日～ 08 月 22 日

雙子座：05 月 21 日～ 06 月 20 日

處女座：08 月 23 日～ 09 月 22 日

天秤座：09 月 23 日〜 10 月 22 日

摩羯座：12 月 22 日〜 01 月 19 日

天蠍座：10 月 23 日〜 11 月 21 日

水瓶座：01 月 20 日〜 02 月 18 日

射手座：11 月 22 日〜 12 月 21 日

雙魚座：02 月 19 日〜 03 月 20 日

白羊座：陪著你到任何地方，
挑戰各種新奇料理或是探險之旅。

有我在不用怕～
去看看吧！

但是別指望他有任何準備或規畫，
沒有迷路就已經很好了。

奇怪，不在這嗎？

你用什麼
導航？

直覺呀。

金牛座：會事先幫你做好規畫，
印好優惠券，保證不會多花一毛錢。

但你就別指望他會請你吃什麼，
另外也有部分金牛堅決窮遊，
打算來場豪華之旅的要小心！

坐計程車多貴呢！不過
是2公里，用走的吧。

為什麼不能
放鬆一下！

雙子座：事前通知親友，
有想要買的東西記得找他代購。

信宏大人我要去
澳門旅行囉～
想不想來點土產？

求我呀～
求我呀～

但是他們通知了就當完成任務，
一不小心就把你給忘了。

說好的土產呢？

呀呢，那個……
今天天氣真好呢～

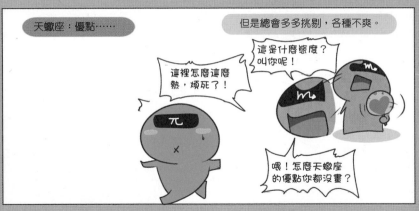

摩羯座：事前準備充足，
提前找好攻略，保證不會踩雷。

但這也意味著，攻略找不到的地方，
他都不願嘗試。

那個是今年才開張的店呢！

沒聽說過，
還是別去吧！

水瓶座：特別擅長發掘祕密景點，
找出一條與眾不同的旅行路線。

但他們多半是在挖洞，小心別跟
他一起踩到地雷。

這條街道的風格很不一樣，
一定是有什麼神祕寶藏！

喔喔喔？

果然呀……

我們一探險吧！

雙魚座：自認有以上的優點，再加上溫柔、
大方、友善，是良好的旅行伴侶。

事實上，這樣的雙魚是不存在的……

# 澳門半島

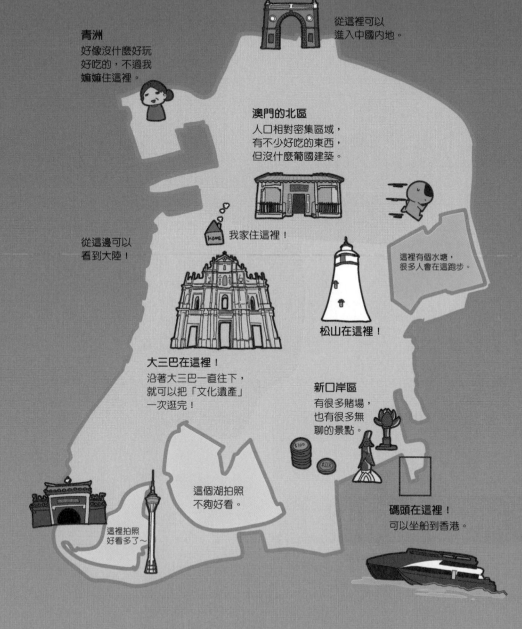

從這裡可以
進入中國內地。

**青洲**
好像沒什麼好玩
好吃的,不過我
嫲嫲住這裡。

**澳門的北區**
人口相對密集區域,
有不少好吃的東西,
但沒什麼葡國建築。

我家住這裡!

從這邊可以
看到大陸!

這裡有個水塘,
很多人會在這跑步。

松山在這裡!

**大三巴在這裡!**
沿著大三巴一直往下,
就可以把「文化遺產」
一次逛完!

**新口岸區**
有很多賭場,
也有很多無
聊的景點。

這個湖拍照
不夠好看。

這裡拍照
好看多了~

**碼頭在這裡!**
可以坐船到香港。

# 氹仔及路環

比機場還要大 4.5 倍的碼頭，到底是哪個天才決定建這樣的一個碼頭呢……

身為一個澳門人，我實在不清楚這裡有什麼好玩好吃的抱歉！

龍環葡韻和舊城區在這裡附近。

這裡是飛機場，歡迎各位來澳～

這裡有炮臺沒想到吧～

各種酒店和賭場有錢歡迎來玩！

熊貓住這裡！

好好吃的葡撻！

黑沙海灘。

不要做犯法的事，澳門監獄在此。

這裡有天后廟。

澳門位於中國大陸東南沿海珠江三角洲地帶，是由澳門半島、氹（ㄉㄤˋ）仔以及路環三個島所組成。是這樣沒錯吧！

是這樣沒錯，但實際上氹仔和路環兩個島早就填海連成一體了。所以用島字有點不太正確。

 ……

……?

 19 世紀開始被葡萄牙殖民，直到 1999 年將主權移交中國，為中華人民共和國特別行政區。

編輯姐姐你又錯了，葡萄牙人早在 16 世紀就來到澳門，並在澳生活。所以澳門葡國人的歷史，在 400 年前就已經有了。

 官方語言為粵語和中文，但因為曾被外國殖民，所以說葡萄牙語和英文也通喔！

你也太看得起我了吧～你以為在新加坡嗎？再說就算澳門人能說葡語又如何，你會說嗎？

 什麼意思？

就是說，這裡說中文（國語／粵語）是完全 OK 的；英語的話，一般年輕人還行；葡語的話，你別想了。

不過因為有外國文化在，這裡可以看到許多中西文化合併的痕跡呢！

 是的呢～畢竟是文化遺產嘛～

 像是那個玫瑰堂我就超喜歡，敲可愛的呢！

 說實在的第一次我也覺得很好看，可是每看幾次也膩啦了，我反而比較想去香港的商場吹冷氣……

…… ……

 不過澳門好吃的東西好像也不少呢。

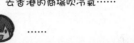 喔對耶對耶！告訴妳喔，澳門在 2017 年，曾被評為美食之都呢！

 那不就好棒棒嗎？有什麼好吃的推薦嗎？我看豬扒包、杏仁餅和葡撻，都是各旅遊達人的推薦呢！超想吃啊～

 葡撻必吃，杏仁餅也不錯，要當做伴手禮也是推薦，至於豬扒包什麼的……我覺得都變成騙旅客吃的東西。

尤其是某某某記，差不多 50 元一個，澳門人才不吃呢。

 騙誰呢，都夠我吃兩次麥當當了！

 這個是旅遊書耶……你說點澳門的優點好嗎？

  喔，也是啦！

澳門 FAQ

澳門 FAQ

像是澳門跟香港臺灣都在同一時區，
沒有時差方便很多～

 是的呢～

 但是澳門電壓是 220V
跟臺灣不一樣耶！要怎麼辦？

 我怎知道……香港、內地都是 220，
大家有問題去 GOOGLE 吧～
（可以帶轉接頭喔！）

 不過還好澳門有免費 WIFI，有問題
當地再 GOOGLE 也很方便吧……

 那個雖然有免費 WIFI，
但是只有政府建築，
像是辦公室、圖書館等等才有喔！
一般街頭是沒有的呢！

 ……

 為什麼媽要
吐槽我！

 因為你說的都有問題呀！
你說對了我就不會吐槽啦～

 那我說澳門用澳門幣！
這樣沒錯吧！

 ……

雖然澳門用澳門幣是這樣沒錯啦！
但是，考慮到賭場只能用港幣去買籌碼，
而且港幣比較常用，去兌換也比較
方便⋯⋯

所以⋯⋯你意思是，在澳門旅行
帶港幣就可以囉？

差不多這個意思，不過要注意
1000 元港幣和 10 元香港硬幣
澳門大多數商店不收的呢！

意思是去澳門旅遊，帶著一堆
500 元紙鈔就沒問題囉？

不過呢，因為 100 港幣能換 103 澳門幣，
但一般的小額消費是不會把那 3 元補給你
所以呢又不能只拿港幣⋯⋯ 不然就會很虧！

■ ■ ■ ■ ■ ■ ■

不念了，
我沒心情了！
一直在欺負人！

編輯姐姐？
接下來的稿子呢

這本書我不做了！
你自己搞定吧！

呀！什麼？

澳門 FAQ

其實到澳門旅行沒有很複雜，出發前簡單了解一下就 OK 啦～

來澳門旅遊必須要帶些什麼呢？其實澳門雖小，但基本上所有東西都有賣，就算沒帶也能即時購買，不用太擔心！

$500 HKD

$ 500 MOP

建議攜帶 500 元面值的港幣和澳門幣，能使用澳門幣的地方優先使用澳門幣。

關於交通

澳門有兩家巴士公司，不論哪一家，不論坐多遠，都是 6 元 * 一程。

這家在本書發印時，已被併購，走入歷史。

= ① x6

但建議可以買個儲值卡，因為有卡坐車只需 3 元。

計程車的話也有兩家，但搭計程車要小心會有繞路、亂收錢的狀況。

一般的計程車

可電召或路邊叫車。

電召 ONLY

可打電話或 APP 叫車，有一般、大型、無障礙車型供選擇。

**澳門交通
小TIPS～**

澳門的儲值卡叫澳門通，可以在澳門機場的 7-11 或超市購買，可以搭公車，也可以到下便利商店購物，跟臺灣的悠遊卡很類似。

由於澳門太小了，其實用走的有時候更方便！

另外在機場、碼頭等地都有「賭場巴士」能免費接載到賭場或回機場，出發前可以去下榻酒店的櫃臺詢問一下～

=3

其實澳門還有輕軌喔！由 2012 年就開始建到今天還未能通車，所以大家不要對這個有任何期望。

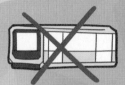

* 本書價格，若無特別標示，皆為澳門幣。

## 澳門旅遊季節介紹

 在中秋和國慶（10月1日）期間會有煙火表演，可惜天氣還是有點熱。

 11月有格蘭彼治大賽車喔！還有美食節！不過要注意這個月的交通會比較壅塞。行程安排上要注意～

 來澳門感受一下聖誕的氣氛吧！

 1到2月天氣比較冷，但注意在農曆新年期間，澳門大多數小店都會關門休息。而且人超級多，不太建議在新年期間來。

 這兩個月來澳門，只要不是潮濕遇上冷空氣的話，一般還是舒適的，但要注意下雨。

 不怕被熱死就來吧！對了，還有颱風⋯⋯

至於旅遊的禁忌什麼的⋯⋯

因為澳門也是華人社會，所以在你家不能做的也不要在這裡做就對了！

# Chapter 古蹟篇 1

本章將帶大家去澳門歷史城區看古蹟。澳門歷史城區是以澳門舊城區為核心所發展出來的街區，包括 22 座建築及 8 個廣場前地，是中國境內現存最集中、規模最大、歷史最悠久，保存也最完整的東西方風格共存建築群。

是怎樣拍照都美美的地方！
只要角度取得好，就是滿滿的歐洲 FEEL！

## 聖保祿大教堂遺址

必到：大三巴牌坊、大炮臺。
必做：拍照打卡買土產，
把土產店吃垮吧！

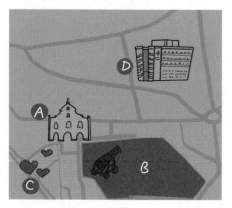

A：大三巴在這裡
B：大炮臺
C：傳說中的戀愛巷
D：這裡有醫院，有病的同學請自行報到

大三巴牌坊是澳門聖保祿大教堂正面前壁的遺址，是澳門最重要的地標。在大三巴旁的哪吒廟是一座傳統中式廟宇，這樣的狀況在中華地區非常罕見，也被視為中西文化合諧共存的象徵。

## 大三巴

這個大三巴就是澳門的地標了，它同時也是遠東第一間石造教堂喔！

喔喔！

不過 1835 年的一場大火，把整座教堂都燒掉，只剩前面的石造部分了。

好可惜呀。

由於教堂前壁與中國古代的牌坊非常相似，所以本地人就叫它「大三巴牌坊」。

還真有點像耶！

走吧。

嗯。

在大三巴上，還刻有中文字呢！

白羊座和射手座對歷史提不起勁。

## 各自精采

瘋狂自拍二人組。

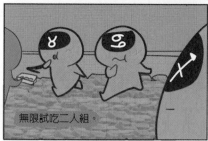

無限試吃二人組。

就這塊石壁有什麼好玩的……悶死了，好無聊呀！

你們要上山嗎？有大炮喔。

百無聊賴二人組。

燃燒吧！火象星座！

## 男子漢大丈夫！

建於明朝的大炮臺，是中國現存最古老的西式炮臺之一。

看到這些保衛家園的大炮，心中那團火就燃燒起來。

男子漢大丈夫，當帶三尺之劍立不世之功！

我們一起去創一番事業吧！

＊新葡京娛樂場（賭場）

你們別想打旅費的主意！

嘜。

摩羯座堅信：十賭九輸喔～

## 戀愛巷

在大三巴的腳下，
有著一條粉紅色的巷子
名為「戀愛巷」。

WOOOO～

你不覺得這個名字，配上
粉紅色的建築～超有 FEEL
超浪漫嘛～

可是

「戀愛巷」的葡文名稱
「Travessa da Paixão」
原文意思是受難，所以
應該叫做受難巷才對啦！

你這個不懂看氣氛
的笨蛋！

書上是這樣寫啊。

摩羯座常常說出不合時宜的大實話。

## 紀念

這裡拍一張！

這要一張全身照！

把後面的都拍下來吧！

不要背光喔！

你們到底要拍
多少張才滿意。

還有那邊也要
一起拍下來！

天秤雙魚座都是自拍界的天王天后。

## 解說

都在幫你們拍照，我都沒時間逛啦！

那你想怎樣。

來到這當然要看文化遺產呀！

像世界聞名的聖保祿教堂，它融合了歐洲文藝復興後期的矯飾主義風格，與東方建築特色。

它以牡丹和莫邪菊浮雕象徵來自中國和葡國。既展現了歐陸建築風格，又繼承了東方文化傳統，體現出中西文化結合的特色。

你說是不是很厲害！

還有喔，BABLBABLA～

去炮臺那邊拍照吧。

嗯。

給雙子座一個題目，他能講一個下午。

## 深藏不露

來到澳門，大部分人都會選擇去澳門地標兼文化遺產的大三巴參觀。

其實在大三巴旁邊的哪吒廟也一樣是文化遺產，只不過去的人比較少。

幾乎沒有旅客會留意，廟後的這面牆其實是「舊城牆遺址」，也是文化遺產名錄上的文物。

騙誰呢。

假的吧。

雖然你外表不起眼，但我知道你很努力的，辛苦了！

只有摩羯座才感受到城牆君的毅力（＞～＜）

## 戰場

沿著大三巴往下走，就是其中一條土產街。

好多人呢！走不動了。

這裡太多人了，我們快點走吧！

不然就走不了。

不用管我！你們先走！

那你呢！

這裡的土產免費吃！不把攤票吃回來，我不會走的！

這個也好好吃呢！

用食量戰鬥的金牛巨蟹座！

## 各有特色

如果你想吃花生糖，推薦鉅記～因為這裡的花生更酥脆可口。

如果你喜歡肉乾類推薦鳳城老澳門，這個肉的口感更好。

如果你喜歡杏仁餅，推薦大三巴餅家。

因為這家能原粒試吃呀！

別家的試吃會對切呀！

完全套住金牛座的心了！

## 回憶

除了試吃分量外，另一個原因是，只有這家有碳火保溫，吃起來味道更好！

早說嘛。

原粒試吃也很重要的啦！

也正因如此，買回家的杏仁餅總覺得沒有在澳門的好吃

欠了點什麼。

其實只要放進烤箱加熱一下，整個風味就會出來了。

是澳門的味道耶！

我們把澳門帶回家了！

你們心中的澳門是杏仁味囉？

## 特色土產

除了吃的土產外，也可以購買葡國公雞擺設。傳說是葡國的吉祥之物。

實用一點的土產，可以買澳門特色街名磁力貼，找個最符合你的街名吧！

最愛街
zu ai kar

除了現吃的土產，葡國著名的馬介休鹹魚或澳門蝦醬也是推薦伴手禮！

你好鹹。

你們這些凡人是不會懂的啦！

鹹菜人！

味道不會很重啦⋯⋯

## 白鴿巢前地

必到：白鴿巢公園、聖安多尼堂。

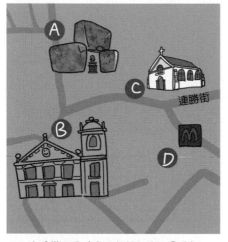

A：白鴿巢公園（李小龍曾在這取景喔）
B：聖安多尼堂
C：東方基金會及基督教墳場
D：這裡有麥當勞、溜冰場和保齡球場

白鴿巢前地是澳門聖安多尼堂區的廣場。
這裡有一個公園、二個教堂，一個墳場，
還有一間麥當當，好像還有三個文化遺產，
很值得來一趟喔。

## 小心射手座！

射手座你在找什麼嗎？

白鴿呀！

明明說是白鴿巢，可是
一隻鴿子都沒看到。

虧我還背了個弓
來呢，真掃興。

澳門還有水鴨街、山雞巷。

## 舉一反三

白鴿巢的中文名字來源於曾在此
居住的葡萄牙富商馬葵士。

傳說他曾飼養數百隻白鴿，故得名。

原來是這樣啊，
那我們快點去
下一個地方吧！

我才剛剛出場就
要換地方了嗎？

再說你要去哪？

當然是美女巷！

膚淺。

美女巷在路環。

## 中文 & 葡文

值得一提的是，白鴿巢前地的中葡名字是
不一樣的，此處的葡文名是：Praça de
Luís de Camões，應為賈梅士廣場。

賈梅士是誰？

問得好！

賈梅士為葡國
愛國詩人，
簡單來說就是
葡國版的屈原。

另外，在冰仔也有以 Camões
命名的街道～而且該處的中文名
跟葡文名也是不一樣喔！

那中文
是什麼？

嘉妹前地

Largo Camões

什麼鬼！

變性了！

# 《賈梅士傳》上

賈梅士生於 1524 年是葡國里斯本人。

主角登場了!

曾攻讀人文科學,後來過著放浪的生活。

HP 100
金 100

年輕時曾赴摩洛哥征戰摩爾人,在戰爭中喪失右眼

主角仆街了。

HP 50
金 80

1552 年,賈梅士用刀刺傷別人,為此坐了一年的牢。

原諒我這一生不羈放縱愛自由。

HP 50
金 20

1553 年到印度服役時,又因負債而被關押了一段時間。

HP 50
金 0

嘉妹振作點!

嘉妹加油!

# 《賈梅士傳》中

1556 年賈梅士來到澳門,並在白鴿巢的山洞內完成史詩《葡國魂》部分詩篇。

1558 年,起程回國。

讓你們看看我的大作吧!

HP 60　金 20
裝備:《葡國魂詩篇》

但他的船在湄公河失事。

HP 0
金 0
裝備已丟失

儘管最後靠著浮木保住小命和救下手稿,但他的老婆就卻因此喪命了。

主角又双叒仆街了。

HP 10
金 0

命犯天剎孤星。

## 《賈梅士傳》下

1570 年回到葡國的賈梅士發表《葡國魂》，國王大喜。

你是葡國的活國寶！

終於不用每餐都吃饅頭了。

以後國家出錢養你吧！

不過當國王去世後這份養老金也一起停了。

啥？錢呢？

來天國跟我拿吧。

啥？

此後賈梅士窮途潦倒直到去世。

HP 1
金 0

願天國沒有貧窮。

嘉妹你就安心去吧。

幸運值為零的男人。

## 戀愛傳說

是聖安多尼堂，在白鴿巢的對面。

因為當時的葡國人主要在這舉行婚禮，而西方人的婚禮常常會用大量花來裝飾。

所以這裡被當地華人稱為花王堂。

傳說中只要兩人在這教堂親吻三次，就會永遠在一起了。

不要亂加傳說！

雙魚座對戀愛話題有無窮幻想。

## 聖人

## 内有乾坤

*里斯本的聖‧安東尼，出生於。

1195年8月15日，天主教聖人

星座大戰
——勇闖澳門篇

聖安多尼堂教堂，奉聖安多尼為主保。

小朋友，我是獅子座喔。

叔叔好，我是博愛座。

傳說中，聖安多尼以助人尋找失物見稱。

神呀救救我吧，新買的手機被偷了！

後來人們也會來此，祈求找到戀人，於是聖安多尼也成了「婚姻主保」。

神呀救救我吧，都一把年紀啦，一個愛人都沒有。

所以說聖安多尼是葡國月佬啦～

怪不得外國人喜歡在這結婚嘛！

拿聖人開玩笑會不會有天譴呢？

韓國歐巴出現了！

這位歐巴叫金大建。

## 另類景點

在白鴿巢公園的旁邊有一座別墅，
為東方基金會會址，是澳門首幢
花園式別墅。

水瓶子你要一起去嗎？

不～要

那你在旁邊的墓場
門口等我們吧。

等一下！

呵～你怕了嗎？

墓場在哪！有鬼嗎！？

你期待
什麼！

水瓶同學不要調皮！

## 靈異愛好者

因為這裡不是著名的旅遊
景點，拍不到好照是正常
的，不要灰心。

唉～

觀自在蓉薩行
心玻蘿密瓜汁！

我是在嘆氣，
為什麼拍不到鬼？

鬼，你在哪？
快出來呀！

水瓶同學你出去！

035

## 盧廉若公園

必做：盧園探祕。
必吃：松苑雲吞麵、軒記炸大腸、
　　　陳光記燒鴨。

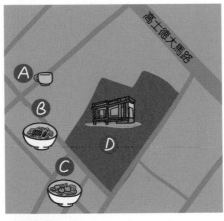

A：阿維斯咖啡
B：軒記（推薦吃大腸撈麵）
C：松苑麵家
D：盧廉若公園（盧九公園）

盧廉若公園是港澳唯一按蘇州園林風格建造的
名園。園中有花有湖有水有石頭，中國風滿
滿，是超推薦的拍照打卡點～

## 盧綽之

小橋亭臺

池塘橋榭

奇山異石

洞臺飛瀑

這些都是當年我盧綽之
的私家花園喔～

順帶一提這花園
面積 10,857 平方米。

這也太太太有錢了吧！
簡直富可敵國！

光土地就值
十個億了！

能買一千六百萬個
哈根X斯呀！

人家是澳門第一代賭王啦！

## 聽君一席話

對了，你們想不想知道為何這ㅁ圓會被叫成盧九ㅁ圓嗎～並不是ㅁ為他有很多ㅁ ...喔！

不想知道。

這個哏上一話就用過了，會不會太重複呢。

沒人聽我說話。

誰叫雙子是天生複讀機呢。

我們快走吧。

等一下！你們不要跑！

傻子才聽你的，我才不停下來。

這裡有很多奇石怪路，小心不要撞到頭喔。

已經碰了！

## 荷花 X 詩人

公園深處，有一座九曲石橋在寧靜的湖中蜿蜒，

假若盛夏來訪，就會看到滿池荷花盛放。

來到這裡，才真正感受何謂「風蒲獵獵小池塘 過雨荷花滿院香」。

好詩，好詩。

小牡羊，我剛才超文藝耶！快點幫我拍下來！

我不是你的僕人啦！

總喜歡使喚人做事的天蠍座。

| 自拍照 | 體驗 |
|---|---|

天蠍座說自己就是最美的風景。

摩羯座要慢慢的品味啦。

## 雲吞

在盧九公園的對面有一家賣雲吞的店，推薦大家吃一碗。

不就是雲吞，哪裡的都差不多，等下去黃枝記就好了。

表情很欠打。

要我幫你打他一頓嗎？

吃一個再說吧！

連挑剔出了名的處女座都讚好！

## 食神

鮮蝦雲吞！蝦肉大大的又彈呀！

雲吞皮又薄又滑。

湯頭鮮味清甜。

而且一碗才24元！這麼好吃的雲吞，以後吃不到怎麼辦！怎麼辦！

周星馳的電影看多了吧。

不用管他我們繼續吃吧。

該店有半成品出售，方便買回家。

# 塔石廣場

必到：八間小屋、聖味基。

A：檀香山咖啡
B：消防局博物館
C：聖味基墳場
D：八間屋

塔石廣場位於澳門望德堂區，是澳門四大廣場之一。沿著荷蘭園大馬路有八座兩層貴族式的建築，興建於19世紀末，被澳門人稱為「八間屋」。如今八間屋因為極具文化特色而成為澳門主要的旅遊景點。

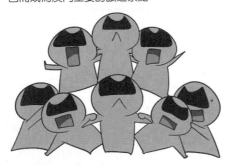

# 八倍驚喜

參觀完盧九公園後我們現在要去哪？

呵呵，過來給你一個驚喜吧！

你看！

好漂亮的建築！

而且還不是一間二間！這種漂亮的小屋，一共有八間呢！

×8

是八倍驚喜喔！

作者你又懶得每間畫出來嗎？

因為太麻煩了。

我可是付了買書錢的。

別這樣嘛。

請放作者一馬吧！

# 各司其職

現在這八間屋各有
用途，比如這家是
守護大地的金龍
澳門の藝文館。

歷史文本的安武
歷史の檔案館。

宇宙真理的天馬
中央の圖書館。

你不能用正常
方式來介紹嗎？

我還以為你們
會喜歡呢～

用普通的
就可以了。

土象還是喜歡務實點。

# 遠離亞洲

在這八間小屋小中，
最推薦最後一間
「饒宗頤學藝館」。

這裡的建築花園，整座
保有當年的風格，拍照
起來很好看～

在這裡就像置身
於歐洲豪宅一樣！

嗯嗯嗯！
超有歐洲 FEEL！

如果不是這麼熱的話，
就像真的去了歐洲一樣……

這是非洲吧。

館內有冷氣！有冷氣！冷氣！

## 歷史文本的玄武

三分鐘熱度的白羊座。

## 看圖識字

反正就算是中文資料，你也只看圖片啦！

## 宇宙真理的天馬

雖然歷史檔案室資料豐富，不過不是我們此等凡人能驅駛呢。

那可以去中央圖書館呀。

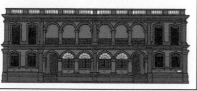

旁邊就是澳門中央圖書館，曾為「澳門國立圖書館」。樓高兩層，有 9 萬多冊圖書。

幹嘛？

只有兩層還好意思叫中央圖書館，隨便一家誠品都比他大吧！

不能這樣比較啦！

臺灣國家圖書館，館藏 400 萬餘冊（件）。

## 冰火兩重天

書不在多，有 FEEL 則行！雖然圖書館不算大，不過在古建築內看書，你不覺得很文藝嗎？

有嗎？

HOW TO LOVE

在這裡不但可以看到廣場全景，也能看到松山燈塔呢！

你感覺不到這裡的氣息嗎？

我只感到外面熱得著火？……

不能同意更多。

推薦 11 月來澳旅遊，不太熱，不太冷，還不會颳颱風。

# 聖・味・基

在搭石後面是聖味基教堂，稱得上是澳門隱世景點。

由於很少旅客會到這來，所以此教堂是我個人推薦的祕密拍照景點！

賺到了！那我們快進去吧！

不過這教堂這麼好看為什麼沒遊客來參觀呢？

因為嘛，

這教堂是在墳場內呀。

巨蟹座最怕鬼的了！！！

# 旁若無人

只要不介意這教堂位於墳場內，其實這是超棒的打卡點。

裡面有冷氣喔！

而且很少信徒來這祈禱活動，四處走動拍照也不怕打擾別人。

加上沒有保安把守，衣著上也不會有要求。

終於不用穿這麼多了！

他是你們的朋友嗎？

我們不認識他。

做人不要太過分！

## 寧靜一刻

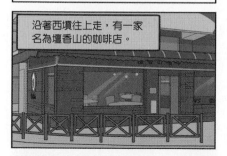
沿著西墳往上走，有一家名為壇香山的咖啡店。

推薦這裡的「攰茶」和「公司三文治」*

* 總匯三明治的港澳說法。

靠在窗邊，享受著下午茶，看著時光飛逝真是寫意。

我都吃飽飽了，還不走嗎？好悶呀！

你才剛坐下3分鐘耶！

射手座屁股生釘不能坐太久（誤）。

## 「薄」物館

如果你們悶的話，要不要去消防局博物館參觀？

消防局博物館？

走過去3分鐘就可以了。

嗯，不單建築雄偉好看，還有各種消防車呢！

那我們先走了

還不用錢呢！

將於可以靠在窗邊享受著下午茶，看著時光飛逝真寫意。

忘了澳門的博物館都超小的。

我們看完了，下一站去哪？

5分鐘就能看完了。

澳門真是小呀小。

Chapter 1 古蹟篇

045

## 東望洋山

> 必到：松山洋燈塔、防空洞展示廊、
> 　　　動物園區、二龍喉公園。
> 必做：坐纜車登高。

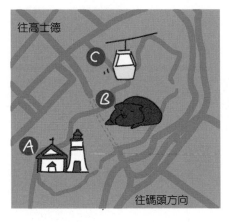

往高士德

往碼頭方向

A：松山洋燈塔
B：動物園
C：登山入口，可坐纜車

東望洋山俗稱松山，是澳門半島最高的山。
高約 90 公尺，山上有炮臺及遠東最古老的
燈塔，是澳門重要的文化遺產。

## 山上風光

要登上山頂觀光飽覽澳門全景，
除了徒步上山，搭二龍喉公園內
的登山纜車也是一個不錯的選擇。

LET'S GO！

沿途可以看到
山上的風光呢。

嗯～真的耶！

山上的風光向我
打招呼～

澳門的風景
真美啊！

風象星座有獨特的風景線。

## 澳門就是與別不同

我先睡一下～
到站了你再叫我吧。

好的，到站了。

什麼鬼！我只出場一格！
這就完了嗎？

可是，真的
到站了。

松山纜車是全球最短的纜車路線，全長
只有 186 公尺，單程只需要 2 分鐘。

用走的 5 分鐘就到了……
這種纜車存在的意義是什麼？

澳門就是與別不同嘛！

還不夠時間泡泡麵呢！

## 世界之最

競走者圍
最窄街道

醫院後街
最窄行人路

雖然澳門地方小，
但這樣也太誇張了。

不會啦，像高士
德大馬路，就是
四線道，全長 796
公尺呢！

啊不就很棒棒。

你是什麼意思？

明顯是嘲諷。

## 戰鬥爆發！

登山纜車站往右邊走，有一條圍繞松山的步道，不少人會在這跑步鍛練身體喔。

在這樹影下運動練習很舒服呢！

很久沒有跑步了！

我以前是田徑社的社長呢。

說起來～我當年還拿過長跑冠軍呢。

我才是第一！

論速度，我才是最快！

什麼也要爭一番的獅子座和射手座。

## 拍照重點

如果不走步道，從纜車站往上走就可以到達松山燈塔。

這種燈塔從 17 世紀一直在照亮澳門，好厲害呢～

水瓶子幫我拍一下照片可以嗎？

好呀！

你有把燈塔拍下來嗎？

當然～

小心所托非人。

## 一覽眾山小

這裡可以看到整個澳門喔！ 是的呢！

既然我們都看完整個澳門，是不是可以回去了？

好小的一個地方。

澳門半島面積為 9.3 平方公里，相當於 0.000259 個臺灣。

## 另一景點

猴子區　　互動館　　黑熊區

順帶一提，在下山的時候可以順道到動物園參觀喔～

真的嗎？有什麼動物呢～

有雀鳥、猴子和黑熊。

還有呢？

沒有了，剩下的是烏龜和烏龜。

這算什麼動物園！路上的動物比這個動物園還多！

烏龜也很可愛啦！

路上也有鱉啦！

烏龜和鱉是不一樣的。

## 議事亭前地

必做：先拍 200 張照片再說。
必買：在郵局可買特色郵品。

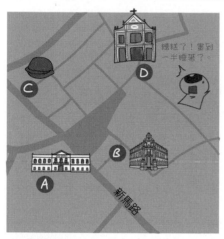

A：民政總署
B：郵政總局
C：豬扒包很好吃
D：玫瑰堂

議事亭前地俗稱「噴水池」，被納入世界文化遺產名錄裡。這裡是一般旅客都會去的地標景點，雖然附近建築好好看，也有不少好吃的，不過因此太多遊客而略顯擁擠。

## 歐洲風情

好有歐洲 FEEL 呢！！！

Bonjour bonjour

你說法語幹嘛？這裡是澳門耶要說也是葡語。

你怎麼不按劇本走，氣氛都沒了！

反正都是洋文啦～

## 與時俱進

議事亭最早是一座中式亭臺，
是中國官紳處理洋人事務的地方。

後來葡人改建成市政廳，
處理澳門的事宜。

從前除了做為市政機構的辦公大樓，也曾
做為博物館、衛生機構、法院，甚至是
監獄等，有各種用途。

不過如今的主要用途就剩下打卡了。

裡面還有圖書館啦！

## 另類伴手禮

呀，這個葡式花紋
雨傘好有趣耶。

還有街名餐墊，
不過有什麼用呢？

獅子座，你幫我拿一下，
我想拍個照。

好呀，
這是什麼？

以你來命名
的街名啦～

肥胖圍
PÁTIO DO GORDO

水瓶座 · 卒。

## 板樟堂

在議事亭前沿著葡式碎石路走，
就會看見一座黃光閃閃的玫瑰堂。

因為教堂初時是用木板
搭建而成，所以得名。

這家是板樟堂！

順帶一提，澳門很多教堂
初建時都有這樣的俗稱。

這家教堂屋頂被吹起來就像
籠蒸一樣，就叫你籠蒸堂！

澳門人取綽號的
能力超強的耶！！

什麼！難道我
要輸給澳門人！

你們對澳門人是不是有些誤會了。

## 花名王

你又懶又小氣，
以後叫你小屁孩！

你老是嘴巴不饒人，
就叫你嘴賤王。

你這單細胞不用腦子思考
的笨蛋，就叫你草履蟲。

那你的綽號，一定
是「活死人了」。

去死吧！

等等！那個東西
很危險的！

雙子座總記不住什麼是「禍從口出」。

## 人滿為患

澳門人口密度為每平方公里 21,340 人；
臺北市口密度為每平方公里 9,888 人。

## 我有特別的拍照技巧

惡搞之王水瓶座！

## 歷史遺留下的問題

請問一下喔,這裡的街道牌跟平常的好像不一樣呢?

問得好!

在澳葡時期,官方語言是葡語,所以中文街名只能占四分一大小。

OKOK!

這裡我作主,葡文放最大有沒有意見!

回歸以後,現在是華人當家了,要各占一半,聽到沒!

OKOK!

於是大部分的街牌都是各占一半了。

可是為什麼這裡的街牌還不換回來!澳門人真懶!

這是保留歷史城區的特色吧。

相當可疑!

不許說澳門人壞話!

## 澳門特色

除了少數保留的舊式路牌外,

U.KA WAI love KAR.DE 卑山街

澳門其實還有很多殖民地時期的遺物,

比如說門牌。

LEAL SENADO DE MACAU 澳門市政廳 168

這裡的澳門市政廳是澳葡時期處理澳門日常事務的機構。

雖然回歸了,但絕大部分的舊式建築還是使用舊門牌。

91

順帶一提,新式是長這樣。

有夠懶的耶,回歸18年還沒有改過來……

這是保留歷史吧。

屁!

澳門人比天秤座還會拖。

## 澳門豬扒包

在澳門最出名的豬扒包之一，就是這家位於新馬路的勝利餐室。

來到噴水池的各位不妨來這一試

餐廳還是保留著上世紀的風格，

所在的桌、椅由開業一直使用至今。

連餐廳名片也是一樣。

這裡電話號碼只有四個耶！！！

40年前的名片嘛。

好舊！

現在電話是 2857-3745。

## 好吃！

＊2017年價錢。

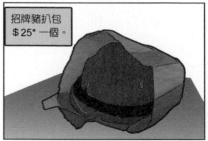

招牌豬扒包 $25* 一個。

好吃呀！豬扒包的包身脆脆的，配上淡淡的牛油香，

豬扒（豬排）也炸得金黃好味道，就連近豬骨的部位也是超級好吃的啊！

好吃是好吃，可是還是覺得以前的好。

這裡的水準味道40年不變！哪裡有問題？

價錢啊！

40年前一個豬扒包還不到5元呢！

那你來一發人生重來搶好了。

開玩笑啦！

金牛座不要太過分！

## 風順堂區

必到：聖老楞佐堂、聖若瑟修院。
必吃：肥仔記、天天都不錯，
　　　 還可以到下環街市吃平價美食。

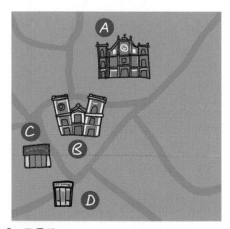

A：三巴仔
B：風順堂
C：肥仔記
D：天天在這

風順堂區就是風水順順利利的區吧（誤）。
不但有文化遺產的教堂，也有超多好吃的。
順帶一提，附近的下環街市熟食中心也是性
價比很好的平民美食集中地。

## 隱世美食

風順堂區是澳門的道地
美食集中區之一。

比如慈幼中學小吃部
雞柳亞姨的雞柳，

就是好吃又便宜
的必吃推薦！

可惜不對外開放，
一般人不容易嘗到。

我還是這麼青春可愛
裝成學生沒難度！

那我假裝校友
混進去吧！

就照這個
計畫進行！

要不要告訴他們，

慈幼中學是男校呢？

最愛裝年輕的天秤座與巨蟹座。

## 現世美食

在旁邊的天天也是該區的好吃推薦！進不了慈幼也不用可惜，

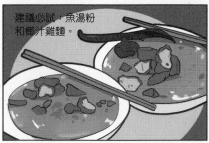

建議必試：魚湯粉和椰汁雞麵。

魚湯粉也好好吃呢！

這個椰汁咖哩很香又不會辣，好好吃！

ㄇ　ㄍ

不過澳門特色小吃不是馬介休*嗎？怎麼沒有呢？

* 或做成炸馬介休球。馬介休是葡國特色鹹魚，通常用來炒菜

不是每家澳門餐廳都有賣馬介休啦！

ㄇ　ㄍ

臺灣也不會每家店都有魯肉飯啦！

## 挑戰者登場

對了，老闆，其實我們在出澳門相關的漫畫書，你能介紹一下你們店嗎？

什麼？你也是畫漫畫？

我弟弟也出了漫畫書喔，你看門口就放了他的作品啦！

他的書還去了香港書展呢。

你有看過嗎？

香港書展早就去過了。

臺灣 7-11 也有賣呢。

泰文版也出了。

要不要告訴他呢？

全套列賣15 萬本？。

ㄍ

那你的筆名是啥？有什麼作品？

沒有啦！我還是初學者。

ㄍ

謙虛一下。

057

## 龐然大物！

對了，剛才我就想問了。

什麼事？

在我身後的這個超大建築！是什麼玩意？

這個呀……

三座教堂之一。
是澳門最古老的
這是聖老愣佐堂，

好壯觀喔！

順帶一提，在澳門俗稱為風順堂。

祈求風調
雨順之意。

越大越雄偉的建築最能吸引獅子座。

## 想得太多

風順堂不單建築上具葡萄牙色彩，
內部也一樣富麗堂皇。

而且有別於澳門其他教堂，
風順堂外有個小花園；

將神聖的教堂
和繁華的商圈隔開。

另外在教堂門外
還有一對天使雕塑。

這對雕像跟中國人
門前會放石獅子是
相同用意嗎？

書上沒寫耶～

處女座不要這麼認真啦，
反正雙子座也是隨口說說。

## 比賽開始！

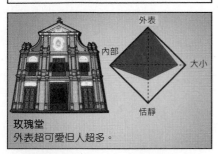

**玫瑰堂**
外表超可愛但人超多。

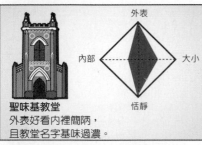

**聖味基教堂**
外表好看內裡簡陋，
且教堂名字基味過濃。

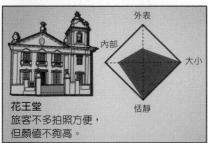

**花王堂**
旅客不多拍照方便，
但顏值不夠高。

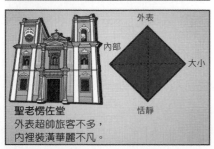

**聖老愣佐堂**
外表超帥旅客不多，
內裡裝潢華麗不凡。

聖老愣佐堂完勝！

## 最後皇牌

總算把澳門最帥氣的教堂
都參觀過了，這下子沒有遺憾了。

真的嗎，旁邊還有一座
教堂耶，你不去看看嗎？

不去也罷～其他
教堂怎比得上這一家。

可是那家教堂是
大三巴 2.0 呢！

什麼？竟然還
留了一手！

一山還有一山高！

## 在風順堂的後面不遠<br>就是聖若瑟修院及聖堂

不過這家教堂真的有夠隱蔽。

由於建築規模僅次於大三巴教堂，所以被當地人稱為三巴仔。

穿過這拱門和樓梯就到了。

雖說是大三巴 2.0 但也不用把樓梯也抄過來吧。

抄襲的東西好有極限吧。

你看了再說吧！

收回前言！超帥的！

跌破天蠍座眼鏡！

## 眼前一亮

雖然這家教堂外表是很大也很華麗，不過澳門的教堂都長得差不多並不特別。

你就承認一次你有眼不識泰山。

抬頭看看吧。

超……超強的穹窿。

美翻了。

超振憾的呢！

## 誰輕輕叫喚我

看著這穹窿，就感到自己的渺小。

這一刻，我感受到了前所未有
的感覺⋯⋯

彷彿聽到有人
在呼喚我。

喂！叫你呢，
別躺在地板上，
你來鬧場的嗎？

呀，不好意思⋯⋯

睡在教堂的話，小心蒙主寵召。

## 離開前請記得參觀
旁邊的修院藏珍館

你看得這麼入神
有什麼感覺嗎？

相當大感觸！

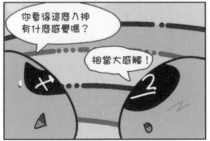

果然女人不保養，
皮膚乾裂變粗老。

你看他們都龜裂了，
等下記得買支潤膚乳。

愛美之心，人皆有之，天秤座倍之。

Chapter 1 古蹟篇

# 亞婆井前地

必到：亞婆井前地、鄭家大屋。

A：亞婆井
B：真‧亞婆井
C：鄭家大屋
D：港務局大樓（也是文化遺產喔）

亞婆井是澳門早期的主要水源之一，亦是葡人在澳門最早的聚居點之一。所以周邊保留了很多葡國風格的建築；而與之相對的鄭家大屋，則是傳統中式大宅。小小的一個地方保留了東西方的文化遺產，可以說是十分難得。

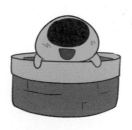

# 昔日傳說

關於亞婆井，有這樣的一個傳說。

喝過亞婆井水，
Quem bebe água do,
忘不掉澳門：
Não mais esquece Macao
要麼在澳門成家，
Ou casa cá em Macao,

要麼遠別重來！
Ou então volta a Macao

不要當成鬼故事來說！

你不覺得
這樣更有趣嗎？

嚇死人了！

水瓶座不要嚇人，那是葡人民謠啦！

| A 貨亞婆井 | 正版亞婆井 |
|---|---|

這裡的屋子都很古色古香呢。

因為這是澳門早期的葡萄牙聚居地嘛。

真正的亞婆井在亞婆井斜巷。

亞婆井的葡萄牙語 Lilau 其實就是山泉。

當時的葡萄牙人就是喝著這裡的水在澳門立足的啦。

沿著石階走上去，進入亞婆井圍。

來到亞婆井，不拍個照怎行？

亞婆井～GET～

據說亞婆井原址就在這裡頭了。

這個水池是拍照用的，真正的亞婆井不是在這喔。

好恐怖的樣子！

打死我不要進去！

反正好看就可以，白羊射手座都不介意真假。

水象都很膽小啦！

## 問題來了

在澳門還有很多關於井的故事，比如說澳門一些舊建築的前面，會有一個「P井」的牌子

大家猜猜是什麼意思吧，我給大家三頁時間去想。

答案就是「井」的奧妙

你不是說給我三頁的嗎？別劇透！

你不會以為我真的送三頁給你想吧。

時間很寶貴的。

處女座別跟火象認真，否則你就輸了。

## 顯而易見

水呢，哪裡有水？

沒有水，茶可以嗎？

以前還沒消防設施時，常常發生遇上火警卻找不到水救火的情況。

所以澳葡政府規定，凡是有井的人家都必須掛這個牌在正門，方便救火之用。

而P就是葡文井的第一個字母，所以就有P井了。

是不是很一回了然呢！

你說的都對，這個送你

果然很一回了然呢～

自大狂

獅子座再次成眾人焦點。

## 這裡有騙子

這裡的都是舊建築很想進去參觀呢～

可以喔。

在亞婆井對面經過這綠色小屋就可以進去喔。

這是什麼隱藏景點嗎？

這裡是中國近代思想家鄭觀應的故居「鄭家大屋」。

是傳統中式院落大宅。

我不要我不要！都不是葡國建築，我要文化遺產 FEEL 的建築啦！

這個也是文化遺產啦！

真的！

## 完敗！

鄭觀應字正翔，廣東香山縣三鄉雍陌人。

著有《盛世危言》深深影響數代偉人再版 20 版，達 10 餘萬本。

PIEPIE，香港區新界縣馬鞍山人。

作品《星座大戰》剛剛重印第 23 版銷量 15 萬本。

那我也沒有輸很多啦，幸好沒有丟現代人的臉！

我家大小 4,000 平方米，你的呢？

684 平方呎，請受在下一拜。

呵呵～

1 平方米等於 10.764 平方呎。

## 夢魅以求

看了看樓價,下輩子吧。

## 傲慢與偏見

不過這麼大的房子,打掃起來也太辛苦了。

對耶對耶,而且房子這麼大,去個廁所都得走一分鐘,太累了。

說不定還會迷路呢!

所以住小房子也有他的優點啦!

打掃當然是僕人去做啦!

你們這些住不起大房子的人真可憐。

有錢人的世界,你們不懂的。

# 鄭家大屋冷知識

在鄭家大屋裡有很多錢呢！
不知你有沒有看見？

在哪，在哪？

這裡有。

這裡也有。

鄭家大屋裡，有很多銅錢
造型的排水口和排風口。

藉此比喻錢源源
不絕地流進來。

麻煩給我
澳門幣。

這一點比得上金牛座。

# 印度大屋

離開鄭家大屋後直走，
可以抵達另一個文化
遺產——港務局大樓。

當年是印度籍
警察的營地。

由於印度差人*在港澳地區常被稱為嚤囉差，
所以這裡就被稱為嚤囉兵營了。

除了港務局大樓外，
當年的嚤囉差還留傳
了一份珍貴的非物質
文化遺產喔！

* 差人：粵語語，指警察，
非歧視侮辱之意。

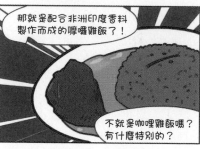

那就是配合非洲印度香料
製作而成的嚤囉雞飯了！

不就是咖哩雞飯嗎？
有什麼特別的？

才不一樣呢！那是配上
非洲香料、印度咖哩和
薑黃炒飯的料理來的。

簡稱不就是
咖哩雞飯嗎？

都說不是咖哩
雞飯了！！！

反正嚤囉雞飯比嚤囉兵營更值得一試。

## 媽閣廟前地

必做：到媽閣廟拜拜，
　　　可以去海事博物館參觀。

西灣湖大馬路

Ⓓ Ⓒ
Ⓐ
Ⓑ

A：媽閣廟
B：海事博物館
C：說真的這邊我很少去，我都不太知道
　　有什麼好玩好吃的……
D：這裡是海，雖然海的景色不怎麼樣

媽閣廟是澳門現存的廟之中，有實物可考據的
最古老廟宇，除了歷史價值外，廟内還有許多
文人的石刻題字，很值得參觀。

## 尋根究底

媽祖閣俗稱媽閣廟，主奉海神媽祖。
是澳門的標誌性建築物之一。

關於媽閣廟大家要知道的是……

媽閣廟並不是念
媽閣廟啦！

啥！？

媽閣廟的正確發音
應為「馬」閣廟
而不是「媽」閣廟；

不過請不要問
為什麼會這樣念。

為什麼？

都說不許問！

這裡是指粵語讀音，國語發音我不會。

## 雞同鴨講

傳說第一批葡萄牙人來澳門時。

ONDE É AQU
（這裡什麼地方？）

唔？

你問那座廟嗎？那是媽閣啦！

Mā-cū？

對！

於是乎，澳門的洋名
就成了MACAO了～

這樣也行？

葡文：MACAO、英文：MACAU、中文：澳門。

## 影分身術

在法國吉倫特省
有一個 Macau。

在巴西北里約的格朗德州
也有一個 Macau。

在葡萄牙聖塔倫區
還有一個 Mação。

最後一個就算了吧
都不是英文字母了。

剛好重名啦。

全球據說有 6 個 MACAO／MACAU。

## 外籍友人

> 既然來到媽閣廟，就來拜拜一下吧！
> 排一下隊很快啦！

印度人！

> 不過印度人不是信印度教的嗎？
> 天下佛教出印度啦！
> 隨便拜拜會不會遭神罰。

拜的神多自有神庇佑。

## 古今名句

> 在廟內有不少奇石和石刻，不少文人墨客也在這發過彈幕。

* 指評論感想。

> 我也提一詞吧。
> 你別亂畫，小心破壞古蹟。
> 放心啦，我會寫在沒字的石頭上*啦。

* 不管哪裡都不可以。

到此一遊

> 給我滾出澳門！

好孩子不要亂塗鴉。

| 小學生上線 | 真實體驗 |
|---|---|

媽祖保佑健健康康。

這廟我老家也有，去別的地方玩吧。

平平安安。

回去再拜拜啦！

來，給你們10元拿著。

幹嘛給我錢？

這些模型都好精細呀！

可以呀！

如果可以坐上去就好了。

在這旁邊是海事博物館，有好多棒棒的模型看喔！

入場費每人5元。

海事博
MUSEU

真的嗎？

在博物館外面的碼頭可以讓你坐船出海，體驗當漁夫的滋味！

不要亂跑，小心點～

好的呢！

不要跟著別人走喔！

巨蟹媽媽上線。

不過自從西灣建好以後，碼頭就被填海圍了起來，再也不能坐了～

正式走入歷史了。

說出來你可能不信，
位於白鴿巢旁邊的
這個墳場，也是世界
文化遺產喔～

傳說中的聖安多尼堂。

豬扒包！是豬扒包呢！

歷史檔案館，這本書有不少
歷史材料，都是在這找的喔！

大炮臺與大炮。

# 星座專欄 1
# 旅行傾向

12 星座的旅行傾向，
一起來看看，他們喜歡什麼和不喜歡什麼吧！

白羊座熱愛冒險，喜歡說走就走，不想被別人扯後腿。
所以一般來說，不會選熱門景區旅行。

如果旅行途中可以進行一些體育活動，比如騎行、徒步、
攀岩、潛水等，更是再愛不過。

金牛座喜歡舒適的旅行，雖然他們熱愛大自然，但不喜歡
露營這種沒人服侍的旅程。

金牛座非常注重食住行的質量，精打細算的他們，會以
最優惠的價格，將當地美食品嘗一遍。

雙子座的人生靜不下來,如果旅途中帶有人文、歷史活動,比如參觀當地的博物館等,就更好了!

again?

不過雙子喜歡體驗新鮮,不喜歡重複到訪同一個景點。

巨蟹座喜歡宅在家,所以他們需要把旅行過程也變得「像家一樣」。

比起去百貨公司買高級伴手禮,他們更喜歡到當地的市場看看,並且喜歡在一個地方停留很久,直到徹底熟悉它。

對獅子座來說，旅行是一次盛大的玩樂活動，追求的是皇家級的待遇，所以不喜歡太寒酸的行程。

但獅子座並不排斥苦旅，即便去一些條件不好的地方，只要那裡的景觀夠華麗、氣派，他們也不會抱怨。

我們一起去旅行吧！機票都買好了？

明天出發！

明天沒空耶……幹嘛突然去旅行。

對勤奮的處女座來說，旅行是生活的調劑，在工作之餘可以喘口氣，所以他們很少為了旅行專門請假。

下週一呢？

下個月呢？

6月8號呢？

不行。

那天有約。

他們大部分在有假的時候出去旅行，並且在事前做好計畫和攻略，保證整個行程都很妥當。

好的呀！

天秤座並不喜歡苦行，比如自己背著帳篷徒步和騎行，每天要在野外搭帳篷紮營的那種絕對不是天秤的愛。

對他們來說，旅行往往要帶有舒適的享受，比如看看風景、品嚐美食或去著名電影中的熱門景點。

天蠍座不喜歡一大群人一起出去，要按照規律的計畫早起，一天跑很多地方，無法自由活動的旅程。

他們可能選擇參觀有著可怕傳說、鮮少有人涉足的地方，還有可能挑戰一些危險活動。

22 小時環遊之旅

射手座就是為了旅行而生的星座,所以無法滿足匆匆而過的旅程。

365 天環遊之旅

每個射手座都有環遊世界的夢想,每個地方都想要深度旅遊,徹底了解當地風俗民情。

這邊走就對了～

摩羯座不喜歡過程太隨機的旅行,很需要事先做好規畫。

他們喜歡收集式的旅行,希望能到世界各地打個卡、留個影,嘗試各種旅行經歷。

水瓶座不喜歡太普通的地方，眾人一窩蜂去的熱門景點水瓶就偏不想去。

水瓶座喜歡獨特、有個性的旅行，北極圈看極光，南極看企鵝這類才能引起他們的興趣。

雙魚座無法忍受疲憊的行程！！！！

他們喜歡在一個地方休息幾天，發揮想像力並吸收靈感。尤其會喜歡親水地帶，像是海邊、湖邊、河邊等。

# Chapter 2

# 澳門生活篇

澳門半島是澳門最早開發的地區，是澳民居民主要聚居之處。除了 Chapter1 介紹的文化遺產城區外，還有許多可體驗在地生活的街市及特色小店。

各種好吃的好玩的好看的都在這裡。因為澳門超級小，所以用走的也可以逛完，用散步的心情，隨便走走買買，看到什麼好吃的就試試，這樣就很好玩囉！

*粵語，泛指各種配菜。

## 紅街市 & 高士德

必做：可以到紅街市買餸*。
必吃：龍華茶樓、龍天燒味、
新爽爽肉丸、雄興泰辣油。

雙向四線道的
高士德大馬路

A：龍華茶樓
B：紅街市在此
C：紅街市圖書館
　（內有十分罕見的殖民地時期郵筒）
D：女子中學
E：雄興泰咖啡室

紅街市就是一個紅色的街市，在街市附近
生活的都是普通澳門老百姓，所以這裡的
店家都是平民價格的好味道～想體驗澳門
的日常飲食，來這裡就錯不了！

## 廣式點心

來到澳門，不吃看看
廣式點心怎行！

對呀對呀，
不過點心吃
哪一家好？

當然是龍華大茶樓啦！

畢竟是開業 50 年的老字號呀！

聽著好厲害呀！

不過由於是 50 年
老店，所以是沒
冷氣的嗎！

我們去新開的茶樓好了⋯

金牛座堅持，花錢了就要追求最好的享受。

## 茶樓冷知識

這個盆子是做什麼用的？洗手的嗎？

不是啦！

在廣東地區上茶樓吃飯，習慣用熱水泡一下餐具用以消毒。

不過這樣泡一下真的能殺菌嗎？

與其說是消毒，不如說是廣東人的信仰。

不洗不舒服！

## 茶樓冷知識 2

當茶壺沒茶的時候，要這樣把壺蓋放起來。

別人幫你倒茶時，兩手指要輕點桌面。

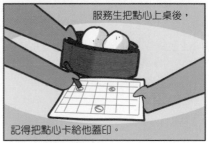

服務生把點心上桌後，

記得把點心卡給他蓋印。

這麼多規矩哪記得，那個誰誰誰，幫我拿個叉燒包什麼的。

你以為你是誰！

天蠍座當然以為自己是大老闆。

## 50 年代

## 特色項目

傳統粵式茶樓，都是把點心放在手推車上，邊推邊叫賣。

茶樓至今還保留這個傳統，不過點心是放在樓梯處，由客人自己拿。

記得行動要迅速，不然一下就被拿光了。

這裡的確是很有50年代風格……

不過服務也太差，怎麼沒人來點菜？

由我來吧！讓我來拿吧！

不要！

因為是要自己去拿的呀。

好懶！

這叫保留傳統。

由你去拿，必定變成暴力事件的。

你是星座歧視！

獅子座不能接受這樣的偷懶理由。

白羊座你敢說不是嗎？

## 點心每籠 25 元

叉燒包

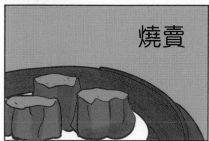

燒賣

不知味道怎麼樣呢？

試一下吧～

說實話，冷凍點心
都比這個好吃點……

看作者沒有認真畫
就知道好極有限*。

這個是吃氣氛的啦。

*粵語，意思是好不到哪裡去。

## 還有其他好吃的啦

其實龍華附近還有很多
好吃的，比如這家肉丸。

這家的女學生好可愛！

這家的東西好好味！

等等！第二格是什麼鬼！

不知道呢。

是傳說中的女子中學！

## 剛剛介紹過的第三家店

能不能打出來也是一個問題。

## 好吃推薦

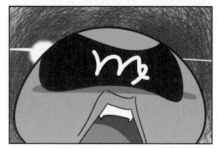

喜歡的可以直接購買他們家的辣油。

# 除了葡撻還有蛋撻 *

# 蛋撻 VS 葡撻

*葡式蛋塔以及蛋塔的港澳用語。

有空的話可以到遠一點的「美式餅廊」吃吃看他們家的蛋撻。

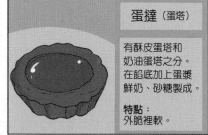

蛋撻（蛋塔）

有酥皮蛋塔和奶油蛋塔之分。在餡底加上蛋漿鮮奶、砂糖製成。

特點：外脆裡軟。

（長這樣子的～）

葡撻（葡式蛋塔）

奶油酥皮餡餅

特點：外脆裡軟，表面有棕色的焦糖。

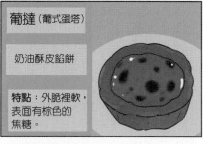

雖然蛋撻在香港比較出名，不過澳門的這家也好好吃。

真的嗎～來試試！

所以他們的分別是外表的顏色嗎？

還有其他分別嗎？

那個，

好熱好熱！

好熱好熱！

新鮮出爐，燙口注意！

蛋撻一般 6 元以下；葡撻一般 8 元以上。

GET！

比起味道，金牛座對錢更敏感。

Chapter 2 澳門生活篇

## 三盞燈圓形地

必吃：豬腦麵、豬腳薑和各種
東南亞特色小吃。

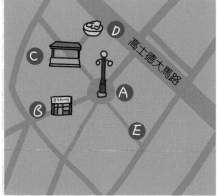

A：三盞燈
B：牛仔屋
C：這裡有小販
D：傳說中的豬腦麵
E：很多特色麵店的街

位於澳門中心的圓形廣場，正式名稱為
「嘉路米耶圓形地」，但當地人普遍稱
其為三盞燈。這一帶有不少緬甸華僑聚
居並開店，所以可以品嘗到正宗緬甸佳
餚，是澳門的東南亞美食集中地喔！

## 數量

這是哪？

這個地方
叫三盞燈。

可是明明有四盞燈，
為什麼叫三盞燈！
這是欺騙呀！

又不是我改的
我怎麼知道！

那只好射破其中一盞燈了！

這是犯法呢！

莫名奇妙的東西讓處女座很火大。

## 三盞燈

三盞燈的由來，其中一個說法是不管從哪看過去，都會有一盞燈被燈柱擋住。

所以只能看到三盞燈而得名。

另外一個說法是，其中一個燈泡經常損壞，只剩下三個燈泡故而得名。

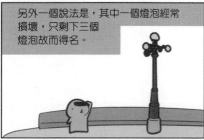

所以說澳門街道的名字都很有意思的喔～

嗯嗯……這樣子的話。

這條街必定是十六路燈街吧，還是叫兩個垃圾桶街？

不要隨便改名字！

學以致用的聰明雙子座。

## 特色街名

澳門的街名都很有特色，像這條街，就是紀念葡萄牙軍人美士基打*而得名的。

美副將大馬路

Avenida do
Coronel Mesquita

＊美士基打上校：1818年7月9日～1880年3月20日。

營地大街

Rua dos Mercadores

曾是明朝軍隊紮營之地，故命名為營地大街。

燒灰爐街

Rua do Chunambeiro

村內原有一座火爐，用來將牡蠣殼燒成建材用的白灰，故而得名。

肥利喇亞美打大馬路

Avenida do Conselheiro
Ferreira de Almeida

那這個呢？

大概是亂碼了吧……

不小心壓到鍵盤吧。

Chapter 2
澳門生活篇

## 特色美食

## 味道？

水瓶座就是愛挑戰。

巨蟹座＝真美食家。

## 挑剔

你不吃豬腦的話
要不要吃牛雜麵？

內臟膽固醇太高了，
吃這個不太好吧。

那要不要吃豬腳薑？
也很出名的。

好像不錯！

又不是生小孩，
幹嘛突然吃這個？

吃緬甸魚湯粉嗎？
這是東南亞特色美食喔！

我是來澳門又不是
去緬甸，才不要吃呢！

那你想怎樣喔！

嘖，自己不好好做功課
還怪我呢，你這人真是。

與天蠍座旅行前請三思……

## 最終方案

你這麼麻煩，
回酒店去算了

好啦好啦，
大家別吵了。

你要滾就自己滾，
別對我大聲說話！

很簡單嘛～挑一家大家都能吃
又健康的餐廳不就好了嗎？

那你推薦什麼？

台北小泉居*

* 澳門首家臺式飲食店。

要吃這個的話，
我留在臺灣不就可以了嗎！

還能節省機票錢呢！

## 大堂前地

必做：在教堂前拍照吧！
必吃：檸檬車露雪糕，大堂夾餅。

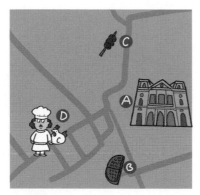

A：大堂
B：這裡有賣格仔餅（港澳特色街頭美食）
C：這條街很多好吃的
D：並不怎麼好吃的大堂街炸雞

在大堂前地熱門打卡點——噴水池附近，你可以再次感受到被歐洲風格建築包圍的感覺，而且這裡還有教堂等宗教建築，減少了商圈的味道，隨便拍拍都超有 FEEL ！

## 江湖

在澳門，「大堂」指的就是天主教澳門教區的主教座堂。

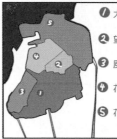

行政區劃單位。後來便以「堂區」作為澳門過去是用教堂分區，

❶ 大堂區
❷ 望德堂區
❸ 風順堂區
❹ 花王堂區
❺ 花地瑪堂區

我是花地瑪堂堂主，請問望德堂長老約我來，有何指教？

你我兩堂的恩怨是時候作了斷了。

大堂堂主在此，兩位不得放肆！

不知哪一位堂主的武功最高呢？

應該是無敵愛愛拳的花王堂堂主吧！

你武俠小說看多了吧！

雙魚座最喜歡腦補各種故事。

# 請尊重教堂

既然來到澳門主教座堂，不來參觀一下怎行呢！

大堂堂主！我們來了

你們不可進來。

教堂是莊嚴的地方，穿短褲短裙不可以進去。

可是去其他教堂我也是穿這樣呀。

總之這家不行！

大堂的衣著要求特別嚴格喔！

那很簡單呀，脫掉不穿就可以啦！

你是白痴嗎!?

水瓶座最愛鑽漏洞。

# 煩惱

就算不能進去，到外面拍拍照，在廣場上坐坐，也不錯喔。

不過拍完照去哪好呢？

往前走是夾餅。

往後走的話，是一條美食街。

牛雜聽說都不錯喔！

牛雜聽起來好好吃耶。

可是夾餅也是港澳特色小食！

TO 牛雜
OR NOT 牛雜。

為什麼澳門這麼多吃的，要人怎麼選呀！

怪我囉！

澳門百步內必有美食，千步內必有景點。

## 增肥攻略

下面很熱鬧呢
我們去看看！

好呀！

這裡超多賣小吃的店呢。

要試一下我們
的魚蛋嗎？

不知哪個最好吃？

試一下我們的咖哩吧！
獨家祕方，超好吃的！

啥？

我們的榴槤雪糕
也是很好吃的！

十分鐘後。

我肥來了。

你沒事嗎？

天秤座，不懂說不的人。

## 澳門名物

我們這裡的牛雜
和咖哩都很好吃！

那給我來一碗吧！

好呀！

要咖哩嗎？

*抱歉，我也不知道到底是牛的什麼部位。

白蘿蔔

牛肚、牛肺、牛？？
？？、#$^、牛？？*

魚蛋

這個牛雜不錯耶！

口感很嫩很好吃！

澳門牛雜
真不錯！

從什麼時候開始，牛雜成了澳門名產呢？

好吃就可以了。

## 30 元一球，35 元雙球

檸檬車露是一家義大利冰淇淋專門店。

招牌口味檸檬車露
有淡淡的檸檬味，
但又不會酸得下不了口。
超好吃啊！

我只想說
四個字，

再來一杯！

這裡沒有免
費贈杯啦！

別指望金牛座會請你。

## 各有原則

摩羯座：通常只會吃嘗過的口味。

我要一球巧克力。

可是我們的水果
口味也很好吃喔。

就是巧克力！

水瓶座 / 射手：不怕死的點各種平常
吃不到的口味。

這個 XX 味酸酸
甜甜好奇怪。

至於天秤座

我可以再試一下這個嗎？

客人你已經
試了第十次了。

吃招牌口味就對了！

## 實際用途

等下我打算去附近的葡文書局參觀，你要一起去嗎？

好呀。

不過你又不會葡語去那讀有意思嗎？

要你管！

你別小看我了！我買葡語書當然有用。

老闆，我要這本，幫我包起來！

好的，一共 270 元。

回家後

270 元買一個泡麵蓋其實也不虧啦……

除了壓泡麵還能當枕頭呢！

哼！

裡面也有賣中文書和明信片。

## 意想不到

沿著這條街走，有各種不同的餐廳。

這家的夾餅不錯吃喲！

這裡的珍奶也不錯！

這家的馬介休又便宜又好吃！

騙誰呢！這種歷史建築怎麼可能是餐廳！

就算是也不可能便宜！

沒騙你喲！

童叟無欺巨蟹座。

## 內有乾坤

由於這家餐廳並沒有將招牌掛在門外，

連當地人也不太知道這家隱藏餐館。

來這用餐的大多是洋人（小聲）。

為什麼我們要小聲說話（小聲）？

最重要是，這裡的售價超便宜！

在星巴克 18 元一杯的濃縮咖啡，這裡只要 5 元，5 元呀！

差太多了吧！這家店真棒！

順便一提～這家餐廳名就是叫「葡國好嘢」

真的好好嘢*

*廣東話常用詞，意為「東西」。

## 小插曲

馬介休我在澳門高級餐廳也吃過，不就是炸薯球？

人家賣 70 多元呢！

這裡賣 25 元一份能有多好吃？

你試一個再說吧，保證不後悔。

看在你的份上，我吃一個吧。

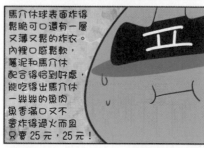
馬介休球表面炸得鬆脆可口還有一層又薄又鬆的炸衣。內裡口感鬆軟，薯泥和馬介休配合得恰到好處，能吃得出馬介休一絲絲的魚肉魚香滿口又不會炸得過火而回只賣 25 元，25 元！

為什麼這麼大的分別，之前那碟屎一樣馬介休還花了我 75 元！

馬介休你終於沉冤得雪！

你冷靜一點。

必吃推薦！

## 瘋堂區

必到：瘋堂 10 號、婆仔屋。
必做：用 100 個不同 POSE 拍照。

A： 隨便你怎樣拍照都美美的
A1：瘋堂 10 號
A2：音樂學院
B： 這裡一整條街都在賣球鞋
C： 禮記雪糕

昔日區內有一痲瘋病院，所以有瘋堂區之稱，由於保留了大量的葡式建築，所以成了一個獨特的風景區。除了特色建築和教堂外，區內還有一個藝術園區，也很值得一去。

## 不同對比

比起議事亭、大三巴的人山人海，

這裡超級少人呢！

而且好有歐洲 FELL 呢！

可惜你長得一點也不歐洲。

找死嗎？

非洲人登場。

星座大戰
——勇闖澳門篇

098

## 和諧美

比起外表雄偉的教堂或建築，

天秤座更喜歡這種寧靜的舊城區。

所謂的美不單單是外表，還要配合周邊的環境，從整個氣氛帶動出來。

這種整體的美感和諧感，才是來澳門的目的。

不對吧。

來澳門當然是……吃。

打卡。

賭！

你們給我滾出澳門！

不要灰心，我懂你的。

謝謝你。

雙魚天秤座對浪漫美有著相同追求。

## 一起來找碴

望德聖母堂——

亦是澳門三大古教堂之一。是望德堂坊的地標建築物，

不過這個教堂好像哪裡看過？

是花王堂吧！

對耶！

望德聖母堂

聖安多尼堂（花王堂）

小祢子。

我找到四個不同！

我找到三個！

水瓶雙子座都是遊戲專家！

## 瘋堂 10 號

好像很
厲害耶！

瘋堂區的另一個特色，
是這裡改造成澳門的
文創中心。

裡面有很多
原創展覽喔！

每個作者都有
獨自的展覽室呢。

在留言本上
幫他打氣一下～

你根本是想
挑戰別人！

請加油

PIC²&
U. INK NOK
2018.2.22

請支持本地創作。

## 不同風格

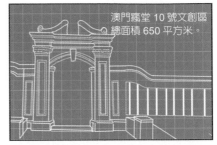

澳門瘋堂 10 號文創區
總面積 650 平方米。

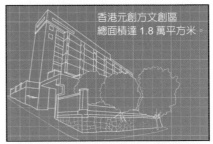

香港元創方文創區
總面積達 1.8 萬平方米。

松山文化創意園區
占地 6 萬 6 千平方米。

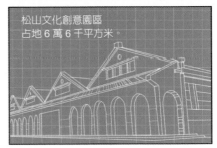

你澳門又輸了。

有種不要比大小！

反正你是輸了。

那要比什麼？

# 360 度無死角！

來到瘋堂區，必須到婆仔屋參觀。

PIEPIE，我們走了，你拍夠沒有。

這裡隨便拍都超好看的！不要呢！

那你留在這變老太婆吧。

婆仔屋曾是老人院，住院者大多是婆婆。

# 預算不足

在婆仔間內，有一家葡國餐廳——Albergue 1601

在這種歷史建築下吃著葡國菜～超有 FEEL 呢！

那這家店味道如何？好吃嗎？

由於經費的問題我們沒有吃到。

不過據說葡國血鴨飯很好吃啦，哈哈。

這旅遊書作者有病吧。

能退錢嗎？

其實這家店評價也很好的喔！

## 最美麗的風景

在昔日的澳門此處是痲瘋病院，為照顧痲瘋病人貢獻不少功勞。

而今天，大部分的建築都活化再利用，變成政府建構或學校等。

澳門最美的風景線！GET

別偷拍學生！

澳門報警電話：999。

## 澳門校服

澳門主流校服一：中式連身裙，配領帶或絲帶。

澳門主流校服二：西式校服，上衣和裙子分開。

最後比較小眾的是水手校服。

旗袍呢！！為什麼沒有旗袍娘！

你以為是在COSPLAY嗎？

人家是正經的學生呀！

香港才有旗袍校服。

## 歲月的味道

沿著望德堂區往下走，可以看到一間特色冰室——禮記雪糕。

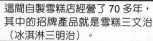

這間自製雪糕店經營了 70 多年，其中的招牌產品就是雪糕三文治（冰淇淋三明治）。

包裝和味道 70 年不變呢～

不過吃冰淇淋我買哈根 X 斯不就好了嗎？70 年前的店會好吃嗎？

可是這裡的懷舊味和人情味是別的地方沒有的！

那老闆，給我來一球人情味冰淇淋！

沒有這個啦！

那一球懷舊味吧！

不是這個意思啦！

人情味 = 70% 甜 +20% 酸 +10% 霉味。

## 冰淇淋大賽

水果口味好濃郁好好吃呢！

芒果味也好好吃！

那再試一下招牌雪糕三文治吧！

可惜感化都軟軟的沒那種脆脆的口感。

我也這樣覺得。

還是哈根 X 斯的三明治好吃一點

在食的問題上，巨蟹座絕不妥協。

## 福隆新街

必做：隨便拍拍照。
必吃：有一間印尼餐廳很出名。

博物館 x3

Ⓑ

新馬路

Ⓐ

Ⓒ

Ⓓ

A：魚罐頭土產店
B：博物館三連星
C：福隆新街
D：往這邊走是崗頂，一個歐洲 FEEL
　　滿分的地方

福隆新街是澳門相當著名的老街，曾經是
紙醉金迷的煙花之地，為昔日澳門最繁華
的尋花問柳商業中心，現在則成了特色旅
遊土產街～

## 沒有聽錯

這裡在澳門歷史上，
是十分著名的一條
街道喔。

澳門的街不外乎
賣賣東西看看風
景，有什麼特別。

雖然整條街都是
舊建築，可是又
能怎麼樣嗎？

因為這裡曾是娼妓街。　　你在說唱機？

買春啦！

好孩子不要買喔。

# 消失的歷史

福隆新街的葡語名字：FELICIDADE 就是歡樂的意思。

整條街都是煙館、酒館、煙花柳巷之地。

當時澳門各階層的人都會來此醉生夢死，尋找溫柔鄉。

不過這個中國保存最完整的青樓建築群，

如今已改造成特色土產美食街了。

這麼好的歷史，怎能這麼就消失了？！這是非物質文化遺產啦！

你是不是對文化遺產的定義有什麼誤會⋯⋯

天蠍座哭得最傷心的一次。

# 新潮手信

既然一切都成歷史了，那我來這裡幹嘛呀？

買土產呀。

在大三巴都買夠了，還買什麼呀！

LOJA DAS CONSERVAS

當然是去買葡國魚罐頭！

這裡有三百多款不同的魚罐頭！全都是從葡萄牙進口，是澳門最新潮的特色土產喔！

是不是很震撼呢！

我只是覺得好像貓罐頭～

你這樣說還真是有點像⋯⋯

葡萄牙人都屬貓吧？

# CP 值最高

如果覺得貴的話，
其實在一般的超市
也可以買到更便宜
的普通版魚罐頭。

除了直接吃以外，
夾在麵包或三明治
也是一樣好吃喔！

不過如果你問我的話，
我有獨特的吃法。

是怎樣吃呢？

就是把魚弄碎
放在飯裡攪拌
好再吃！

超好吃呢！

這是貓飯吧！

關上燈吃就好了。

# 博物館三連星

離開罐頭店直走，就有
三家博物館。首先是
「典當業展示館」！

完整的保留了
昔日當舖的格局～

第一次進當舖的
感覺，好有趣啊。

處女座，
過來一下

幫你拍個照嘛！

幹嘛？

拍什麼照？

處女座賭博輸光後，
到當舖典押籌錢！

射手座，
手機給我放下！

給我 200 元，不然
立即發上網！

射手座不要威脅別人。

# 滿有趣的館

另外在典當業博物館住裡走，又有另一家「上行架會館」。

祭祀木藝的先師——魯班。

不過是個廟啦，有什麼好玩的。

這裡有介紹傳統的木工技術。比如這個魯班鎖，牡羊座你能解開嗎？

很簡單啦，按著數字來拆開就可以啦！

那你試試砌回來。

不就是按著順序來嘛～

咦，為什麼？呀！救命呀！

摩羯座大人，這個怎砌回來。

這就是古人的智慧了。

白羊座：有破壞沒建設。

# 優點是有很多座位

在上行架會館和典當館之間，還有一座「歷史陳列館」。

也是可以免費參觀喔。

為什麼有這樣的館你都不告訴我！有什麼居心啦！

因為沒東西看呀。

你想去就去吧。

這麼大的館都不進去看？

雕像一個

照片一堆

長櫈六張

拜託你就不要讓我們浪費時間在這種館上，什麼都沒有，不好玩。

又不是我說要來！

喋大聲小聲的，你這人真是。

好人難做的摩羯座。

## 加思欄

必到：加思欄花園、保安部隊博物
　　　館、加思欄炮臺。
必吃：雀仔園街市熟食檔。

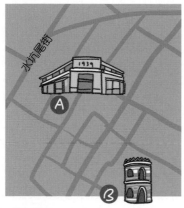

Ａ：雀仔園
　（吃的都各有特色，大家可隨便挑一家。）
Ｂ：往這裡走就是加思欄

加思欄花園是澳門第一座公園，也是遠東
第一個西式公園。在附近不遠處的雀仔園
街市（傳統市場），裡面有很多平民價錢
的好吃料理～

## 本土特色遊

這裡就雀仔園街市了～
是澳門隱世旅遊景點喔！

什麼鬼！我是來旅遊的，
來傳統市場幹嘛呀！

你先別激動。

在街市旁的熟食檔，是附近學生
和上班族早午餐的首選。

這裡能吃到最道地
的粵式美食喔！

我丟你數簿！*

還有機會聽到最
道地的粵語粗話啦！

* 丟你數簿＝好孩子別亂學。

108

## 只要 35 元

雖然這裡的食物都以粥麵為主,不過也有很多選擇喔。

這麼多選擇,天秤又要龜毛半天了……

呵呵,我已經有妙招應對了,只要找最多人排隊的就一定是最好吃的!

那你要點什麼菜?

招牌菜就好。

老闆,你們這有什麼好吃的,來一份吧!

我們店的豬皮大腸雲吞雞翼蘿蔔牛肉豬紅都好好吃,給你一個全餐吧!

啥!

天秤座計畫失敗!

## 治標不治本

不過街邊食物,好像不太衛生耶。

臺灣的夜市不是差不多嗎?

可是這是在菜市場旁,有點不放心啦。

沒關係,外帶拿好,跟我走就對了!

去哪?

加思欄花園!

在這歐陸風情的公園吃東西是不是別有一番滋味,像賞花野餐一樣!

可是食物來自菜市場旁還是沒變呀!

食物都煮過很衛生的。

書寫習慣，而非印刷錯誤。
* 此處是模仿當年從右到左的

## 這個翻譯有點冷

。力能讀閱的左到右由得獲家大喜恭

## 神打臉

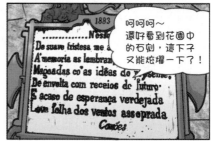

自作聰明的雙子座。

## 放慢腳步感受一下

要來罐可樂嗎？

謝了～

休息一下吧。

## 周邊景點

其實在公園附近還有很多可以去的好地方。

比如大會堂電影院能看到最新的電影。

順帶一提，這裡沒賣爆米花。

沒爆米花算什麼電影院！

或者可以去附近的加思欄炮臺參觀喔！

又是炮臺看到悶了。

那剩下的只有……

聖羅撒女子中學了！

喂！110嗎？這裡有色魔！

澳門報警電話其實是999。

## 主教山

必做：登山吧！漂亮的風景等著你。

A：主教山聖堂在這裡
B：有錢人住的地方超高尚住宅區
C：向下走是觀光塔
D：這裡拍照很棒棒

主教山就是主教住的山～除了教堂本身就棒棒的之外，風景也是一流！因為附近沒有太多的高樓，在山上就能看到半個澳門的好風光。

## 山上教堂

雙子座變得真快。

## 名符其實

穿過這裡。

經過這。

到了嗎？

到了嗎？

爬上這。

快了快了！

還未到嗎！？

快了快了！

要死了要死了！

只有意志堅強的摩羯座不覺得累。

## 尋根的原因

穿過這裡，就到達傳說中的主教座堂！

有什麼問題嗎？

這家教堂，是誰建在這的？

真難得天蠍座你竟然對建築歷史有興趣耶～

怎麼突然變好學了？

因為我要把那個烏龜三八蛋罵一百遍！幹嘛要建在山上！

要死我了！

請不要這樣。

天蠍座，冷靜點！

# 超帥的教堂！

好有氣勢啊！

好浪漫呀！

好累啊……

有水嗎？
我好渴啊。

不要破壞氣氛！

可是真的很累嘛。

不懂讀空氣的雙人組。

## 外貌協會

雖然說教堂外表很棒，

但裡面的構造也沒什麼了不起。

單靠外表是不行的！

你錯了～有外表就夠了。

什麼意思？

因為這裡是少數可以拍婚妙照的教堂喔！

媽！我要到澳門結婚！

而且這裡人不多喔，拍照超棒的。

## 澳門好風光

到裡面參觀，還可以看到觀光塔。

那還不快點去！

參觀票價 $138 一位。

其實風景到處都一樣嘛

在這裡看更浪漫呢。

我就知道你不會花這個錢。

金牛座格言：免費就是最好的。

瘋堂區免費幫人
畫肖像的活動。

龍華茶樓的點心之爭

冰淇淋！是冰淇淋呢！

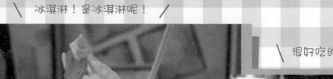

很好吃的馬介休～

# 星座專欄 2
# 最佳旅伴

12星座跟誰旅行最合拍？
一起來組隊吧！

白羊座

冒險能力強，天生行動派。

特殊能力：即性發揮。
隨時可以找到動機，
帶你一起出去冒險。

射手座

喜歡探索，適應力強。

特殊能力：推波助瀾。
沒有他不敢去的地方，
陪你上刀山下油鍋也不怕！

太好了～
這裡可以玩高空彈跳！

我幫你買好票了，
10分鐘後就可以去玩了！

真快！

白羊座和射手座都非常勇敢，願意嘗試新事物，不怕危險，喜歡參與極限運動，不論是去熱門風景地還是人煙稀少區，這一組都可以玩得非常盡興！

金牛座

喜歡美麗的風景、美食。

特殊能力：火眼金睛。
看一眼就知道好吃不好吃。

天秤座

喜歡美好的藝術、美妙的東西。

特殊能力：天使之眼。
特別會找最美的地方。

好飽呀～

但好好吃～

果然棒棒的！

不客氣。

無論是時間或行程安排，這一組合都有點懶懶的，不喜歡太緊湊。這一組的行程著重於享受和滿足；一起品嘗當地的美食和小吃，一起購買漂亮的紀念品等等。

雙子座

喜歡新鮮有趣的事，也非常健談。

特殊能力：聊吧聊吧！
什麼事、什麼人都可以聊幾句。

水瓶座

愛嘗鮮、喜歡動頭腦。

特殊能力：靈光一閃。
隨時產生一些離奇的獨特想法。

吧啦吧啦吧啦啦
吧啦吧啦吧啦啦
吧啦吧啦吧啦啦

叽呢咕嚕叽呢咕嚕叽呢咕嚕叽呢咕嚕叽呢咕
叽呢咕嚕叽呢咕嚕叽呢咕嚕叽呢咕嚕叽呢咕

哈哈哈哈哈哈哈

BALBLALLBALABLABL@@

KAKKAKAA
MAMAMAMALA

呵呵呵呵呵呵呵呵

這一對組合一路上有很多話要談，很多想法要交流，兩個人的嘴都不會停下來，也不會冷場。
這兩人湊在一起，一路上絕不會無聊，充滿各種隨機活動、資訊吸收、互通與傳播。

獅子座

負責主導的人，喜歡享受。

特殊能力：精神鼓勵。
讓你與他衝上前線一起冒險。

巨蟹座

習慣照顧別人，通常站在背後。

特殊能力：精打細算。
可以寫買到划算又好吃的東西，
絕不會被騙。

那裡可以體驗一日農夫，
我們今天就去那邊吧！

可以摘水果當土產！
而且這幾天有點熱，
吃點水果剛剛好～

這一對組合的旅行中，獅子座往往是主導的人，巨蟹座則會安排好具體細節，讓這段旅程
更加舒適。而且巨蟹座打造的舒適感和文藝情緒，能讓獅子座安逸和快樂。這一對組合的
旅行，兩人都可以留下難忘的回憶。

處女座

凡事要做好計畫才行動。

特殊能力：一絲不苟。
特別注重細節，絕對沒有失誤。

摩羯座

一切都安排得非常有條理。

特殊能力：一諾千金。
非常守時、總能夠按照計畫執行。

3點起床，4點開始爬山，
就可以看到日出了。

現在2點52分，我已經洗完臉了
現在換你了。

那出發前的
行李檢查呢？

早就好了。

果然有效率。

你也不差。

在整個旅程中，兩個時時刻刻都記得自己要做什麼、要去哪裡，這樣就不會出現任何疏漏，
可以保證一路順利，誰也不會留下抱怨。

天蠍座

固執、強硬、喜歡主導。

特殊能力：我是天蠍座。
總之我說的都沒錯，聽我的。

雙魚座

靈活可變、迷迷糊糊，能順應別人。

特殊能力：百變天后。
能支持和配合別人的安排。

到那邊去吧！

那個地方好像
很神祕，必定
藏有什麼……

那個地方好像好浪漫，
拍照一定棒棒的！

好的呀～

這一對最容易一拍即合，完全避免了旅途中發生爭執的可能性，加上他們同樣都喜歡神祕、
精神性的東西，使得這一組合的旅行，會讓雙方都得到深刻的精神滿足。

# Chapter 3

# 路迷篇

路環和氹仔原本是澳門的兩個離島，後來填海連成一體了，島上既有的小島漁村風光，變成了如今五光十色的賭城風貌。

全澳門最帥氣的賭場都在這裡，加上各種玩樂設施，務必要來體驗一下！

## 龍環葡韻

必到：三婆廟、嘉模教堂、嘉模
斜巷、氹仔婚姻註冊處、
龍環葡韻賈梅士銅像。

A：嘉模聖母教堂
B：氹仔婚姻處註冊處
C：這裡有個很 GAY 的銅像
D：不可以游泳的湖
E：可以游泳的游泳池
F：有五間很漂亮的屋子

「龍環」是氹仔舊稱，「葡韻」指的是五間
葡式建築配合附近的教堂、公園等，使得這
裡構成一道迷人的風景線。

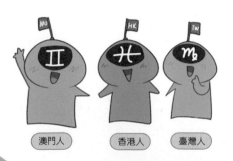

澳門人　　香港人　　臺灣人

## 名為氹仔的島

在澳門半島的另一邊

是一個叫氹仔
和路環的地方。

所以我們吃什麼好？

推薦吃喜蓮咖啡！

我個人特別推薦，
干免治牛肉飯配太陽蛋。

看起來不錯呀～
所以這是你推薦的原因。

不是喔，只是剛好在我公司附近，
所以我才每天都來吃這個。

什麼鬼！

不開玩笑～ 30 年的老店，真心推薦

## 港澳不同

雖然理由有點扯，但味道真不錯耶。

對吧對吧沒介紹錯吧！

這家可是 30 年的老店喔。

牛肉不是普通的絞肉機做的肉碎，而是用手工切出來的牛肉碎。還有炸薯粒和雜菜粒，菜色豐富又好吃。不過單單是手切牛肉碎就值回票價啦！

嗚嗚……

呀，你怎了，好吃到哭了嗎？

不、不是這樣的。

香港的免治牛飯都是機切的牛肉，而且沒有雜菜粒，香港輸了。

別哭了

香港輸了！

## 真假難分

吃過以後，大家可以往舊城區的方向走～馬上可以到達下一景點。

嘉模斜巷！

在長長的斜路，兩旁長滿假菩提樹～是個超棒的打卡拍照景點喔！

假的樹有啥了不起，好心澳門政府種點真樹吧，這點錢都沒有嗎？

人家的名字就是假菩提！不是說這樣就是假的啦。

 真菩提樹葉　　 假菩提樹葉

## 浪漫滿屋

天秤座，怎麼站著不動？
上面有什麼嗎？

超可愛！！！

順便一提～後面的屋子
是澳門註冊結婚的場所之一喔！

我決定以後要在
澳門結婚啦！

不過提醒一下，澳門的婚姻註冊只
為以澳門為常居地的人服務。也就
是說，來澳門旅遊結婚是不可能的！

澳門人好自私呀！

巨蟹座的浪漫婚禮夢破碎了。

## 這些幸福不是你的

對面就是教堂

簽名的地方
是一座古蹟

澳門人結婚實在
太幸福了！

好妒忌啊……
我也想當澳門人了。

對了，澳門人結婚，
政府有補貼，而且
兩個人都有喔！

每位 1957 澳門幣！

我不做
臺灣人了！

媽！我要
做澳門人！

澳門人再次勝出。

# 蠶食大海的城市

這裡也棒棒的，超浪漫呢！

年輕人，你這樣就滿足嗎？看看你身後吧～

位於海濱馬路的龍環葡韻，是澳門八景之一，

也是拍婚紗照的熱門景點之一。

可是明明這只是個湖！對面都是建築，哪來的海濱呀！

填海填沒了～

● 固有地
● 填海地

從前氹仔只是兩個小島，其他的都是填海填出來的。

好誇張呀！

澳門 60% 的土地都是填海造地所得。

# 《4分33秒》*

＊此曲最特別之處為，演奏者從頭至尾都不需要演奏出一個音。由美國先鋒派作曲家約翰·凱奇創作的曲子。

在這麼美的風中，看著音樂噴泉真的很舒服呢！

哪來的音樂呀，明明是普通的噴泉啦。

這個呀你不懂了……

噴泉本身的節奏，和周圍的環境，

就是一曲完美的樂章啦！

坐下來感受一下吧！

嗯！>///<

天秤座是大自然的音樂家。

## 葡國 STYLE

你們要進去屋子裡參觀一下嗎？

不用了我們在外就好啦。

那我先進去了。

原本在這裡的別墅現已改建成博物館，

也是很值得參觀。

展館樓高兩層，主要用作介紹及展示當年葡人的家居生活。

好精緻的房間呢，連燭檯都很漂亮！

那個不是燭檯啦，是菸灰缸～

啥菸灰缸也做得太特別了！

葡國人的生活你們不懂的啦。

怪我過分美麗囉？

## 歡迎上二樓參觀

好大的一個廁所！比我睡房還要大！

可是也不用放張桌子在廁所呀完全不懂用意何在。

開 PARTY 嗎？

唱完這首歌換我拉屎了。

我很快啦！

你吃點東西先，別急。

畫面美得無法想像……

土象星座無法理解的生活。

## 東施效顰

你拍照拍得很仔細耶，在構思什麼嗎？

我也要把我家改造成葡國FEEL啦！

只要將家中不常用的碟子掛在牆上再放個耶穌像，就超級葡國FEEL了～

可是你又不信教哪來的耶穌像？

先拿個布偶代替好了。

好可愛！！！

比起葡國FEEL，更像迪X尼主題餐廳啦。

是葡國STYLE啦！

雙魚座完全著迷了！

## 金錢掛帥

對了！說起迪士尼我們香港有迪士尼啦！澳門有嗎？

臺灣有太魯閣國家公園你有嗎有嗎？

澳門政府每人免費補助9000元現金喔！

我們也領過6000元啊！

臺灣也有過消費券啦！

可是澳門是每人每年都有錢領喔，還有15年免費教育，你多少年？養老金3400元，還免入息審查，你呢？每年都會注資7000元到公積金個人帳戶。

你有嗎你有嗎你有嗎你有
你有嗎你有嗎你有嗎
你有嗎你有嗎你有
你有嗎你有嗎你
你有嗎你有嗎
你有嗎你有
你有嗎你

可惡我們的政府幹嘛去了……

澳門人不要太囂張了！！

PS 其實臺灣健保還是很讓人欣羨的。
PS2 其實這句是編輯姐姐叫我加上去安慰一下臺灣同學的心。
PS3 身為香港人的我實在是想不到香港有什麼福利值得炫耀。

## 官也街

必做：隨便買買吧。
必吃：都是做遊客生意，隨便挑家
　　　看起來好吃的試試就對了。

 這裡的地圖太複雜了，
畫出來也看不清。
所以請打開自己的 GPS 吧。

官也街是為了紀念官也
總督而命名的街道（雖
然他只上任幾個月就因
為霍亂而死……）官也
街位於氹仔舊城區中心，
附近有超多的土產和小
吃店，房屋也很有舊澳
門情懷，是到氹仔必去
的打卡點！

## 官也，第 81 任澳督是也

官也街是離島著名
的土產街。

不過土產店賣的其實
跟大三巴的差不多啦。

都是杏仁餅
之類。

榴連雪糕喔！
要試一口嗎？

喔，好呀！

想不到這裡也有賣
榴槤雪糕～

不過為什麼榴槤雪糕
也能成為澳門名產？

明明又不是
盛產榴槤。

澳門人都愛重口味？

## 榴槤雪糕

在官也街的盡頭有兩間賣榴槤雪糕的店，個人推薦吃這家。

跟前一家比，這裡的榴槤更香更好吃！軟軟冰冰的榴槤在口中溶化～這滋味實在是比第一家要強啦～

你再仔細品嘗就能體會到了。

你這樣說起來，還真是有點分別呢！

有道理。

老闆，再來一口！

你們已經試第五次了！

臉皮加厚的白羊金牛座。

## people mountain people sea

除了土產外，官也街也有很多好物推薦比如晃記餅家，真正百年老字號。

沙利文葡國餐，五顆星推薦。

誠昌飯店，必食推薦水蟹粥。

不過每家都超多人，食評大家上網找吧！

反正我是懶得排隊。

反正我是懶得畫了。

雙子座和射手座都是懶得排隊等的人。

## 以名取人

在冰仔舊城區，有很多有趣的街頭巷里。

你看！我找到賣賣街！

我明信片另買了一張，20元賣你好不好～

賣賣街
Rua dos Novachan

你看！我找到仙女巷！

仙女巷
Travessa das Brisas

說我呢！說我呢！

你看！我找到老虎巷！

老虎巷
TRAVESSA LOU FU

我是獅子座不是老虎座！
我不發火我HELLO KITTY嗎！

澳門街道真可愛。

## 迷你城市

由於冰仔舊城區主要原居民以華人為主，19世紀後期葡人勢力才開始進入冰仔。

所以這個區有著更多傳統的中國式的房子和廟宇。

像這種中式的當鋪也能在冰仔找到。

窗口小小的一只好可愛呀～

澳門半島還有典當博物館可參觀。

# 沿著舊城區進入

喜蓮咖啡

三婆廟
建於道光 25 年，
供奉三婆。

醫靈廟
建於光緒 26 年，
供奉醫靈大帝。醫靈
並非特指某一神明，
而是醫神的代表。

天后宮
建於乾隆年間，
是冰仔最古老的廟宇。

沿著這條路走下去還有
一家天后宮呢～

這一條路就有四座廟！
也太多了吧！

話說澳門有條街叫天神街。

# 路的盡頭

喔！這建築
很有氣勢呢！
是什麼來頭？

這是原海島市
市政廳啦！
不過現在是博
物館了。

射手座你要一起進去嗎？

不用了，
我在外面
等好了。

為什麼？

反正澳門的博物館都
超小的，5 分鐘就全
看完，沒什麼意思。

這一家
不會的！

這家仔細看的話！可以
看 10 分鐘的呢！

有分別嗎！？

白羊座 3 分鐘就看得完。

135

## 代言星座

天蠍你快來看看！

射手座大笨蛋！
這裡有石頭和模型，
起碼 10 分鐘才能看完！

裡面可以看到當年
的會議室，像迷你
版的議事亭呢。

為什麼海島市
的旗是雙魚座
不公平！

說不定天蠍在澳門
的市旗上啦，我幫
你 GOOGLE 一下。

找到了！
是這個！

你們兩個有
什麼好情！

雙子座，勝！

## 和麗女神噴泉

路氹歷史城館後方
是和麗女神噴泉，

該泉的水是
可直接飲用。

我也要喝
女神之水。

反正不用錢
來一杯吧！

自來水管的味道……

同行的處女座說死也不會喝這個。

## 小心迷路

這裡的路也修得太窄了,在這裡不會迷路嗎?

放心啦,有我帶著不會迷路啦!

走呀走～

走呀走～

你不是說不會!

怪我囉!都是這裡長得差不多害的!

愛逞強又死不認錯的獅子座。

## 夕陽無限好

沒問題的!就算死我一定也會帶你回去的!

跟著夕陽走就對了!

我們不是在氹仔嗎?現在都在什麼地方了!

嘉樂庇總督大橋。

為什麼我要相信你這個白痴!!!

此橋亦是澳門唯一能步行跨海的大橋。

## 路氹新城區

必去：賭場！
必做：賭贏了 >> 隨便買買買。
　　　賭輸了 >> 我代表澳門人民感謝你
　　　　　　　為澳門賭稅增加收入。

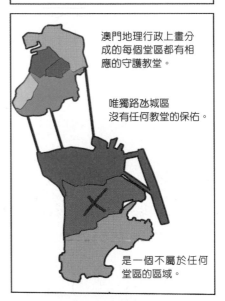

這裡是氹仔

這裡都是填海填出來的

這裡是路環

A：威尼斯人（賭場＋酒店）
B：澳門銀河（賭場＋酒店）
C：新濠天地（裡面可以觀賞水舞間）

原本氹仔和路環是兩個不同的海島，後來經過填海把這兩個島連成一起。而這個新填出來的土地，後來就建滿了酒店和賭場。可以說，只要有錢，你就能享受呼風喚雨的最高級享受和娛樂。

## 無主之地

澳門地理行政上畫分成的每個堂區都有相應的守護教堂。

唯獨路氹城區沒有任何教堂的保佑。

是一個不屬於任何堂區的區域。

今天我就勇闖這座奪命城吧！

你根本就是想來賭錢！

可是來澳門不參觀一下賭場太可惜了。

輸了錢更可惜！

摩羯座最反感別人賭博。

## 門票價錢 580 起

大概長這樣。

在路冰城區除了賭場外，還有很多不同的娛樂設施。

CROWN

比如在新濠天地的水舞間。

大概長這樣。

是一個大型的水上表演節目。

表演精采絕倫。

來到澳門的朋友記得要去參觀喔！

好棒棒喔，不過「大概長這樣」是什麼意思？

畫風都變了。

因為經費有限，編輯姐姐說500元以上的活動都不用介紹了。

這是歧視！

所以沒去取材。

在門口拍照也不錯啦！

## 博一博，單車變摩托

年青人，你們還是太年輕了！

射手！

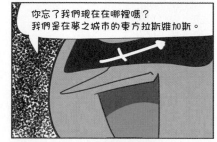

你忘了我們現在在在哪裡嗎？我們是在夢之城市的東方拉斯維加斯。

只要賭一把，一切皆有可能！

對耶！靠著射手的強運！一定可以的！

去吧！賭博兵團！

這是旅遊漫畫。

## 威尼斯人

不過是賭場加酒店
有什麼特別呢～

你下巴怎麼了？
快閤上呀！

後……後面。

這個也太金碧輝煌！

閃瞎我的眼了！

帝王級裝潢。

## 富可敵國

不過多看幾眼，眼睛也適應了，
沒什麼大不了，快點閤上嘴吧！

後……後面。

這次又是
什麼呀？

為什麼出現
河濱購物街了！

這個也誇張了，
把整個威尼斯購
物街 COPY 過來。

不說還真是以為
去了威尼斯。

不過這條河應該
比原版的更富有吧。

金牛座不要跳水！

## 裝模作樣

在貢多拉河上，有很多貢多拉小船可供乘坐，船夫會邊撐船邊唱歌～頗具特色。

螺旋槳

HELLO BABY～

呀，他開過來跟我打招呼！

我也想坐坐啦！

開關

什麼！原來是電動船！都不是真的在撐！這是騙人耶！

你從什麼時候開始有船只能用手撐的錯覺？

巨蟹座就是容易被表象所欺騙。

## 人不可貌相

外面的都參觀完！是時候進賭場了！

不好意思，麻煩你們出示護照或身分證。

什麼鬼！我都 26 了還要身分證每次出入都要檢查麻煩死了！

你幹嘛一臉高興的樣子？

別這樣嘛，就檢查一下有什麼問題。

還要檢查就是說我看起來不像 21 歲，說明他在讚美我外表年輕呢～～

可是你都 30 有月了。

是 29 歲又 46 個月。

換個心態。

## 殷皇子大馬路 41 號地下

除了各式傳統的玩意外，
澳門還有很多東西可賭。

比如白鴿票～
昔日是賽鴿的賭博項目。

不過現在都電子化了，
改為攪珠抽號的方式；

不過保留以千字文
下注的傳統～

只要抽中數字
就可以贏 N 倍了！

輸了。

獅子座仆街了。

## 逸園白朗古將軍大馬路

亞洲唯一的合法賽狗場
——逸園賽狗場。

可以在這裡賽狗呢！

但是這個項目在 2018
年就結束營業了，

不過還是有類似的
賽馬項目可以選擇。

雖然畫得很醜！
但是 3 號美女編輯加油！

首先過終點的是
2 號信宏大人！

仆街了
又輸了。

射手座仆街了。

## 背水一戰

所謂十賭九騙，各種賭博都是賭場占優勢，要贏是不可能的。

所以只能儘量選公平的項目——百家樂！

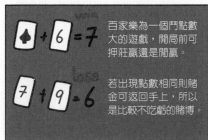

百家樂為一個鬥點數大的遊戲，開局前可押莊贏還是閒贏。

若出現點數相同則賭金可返回手上，所以是比較不吃虧的賭博。

哈哈！我得點是7！這次我一定能翻身！能每天吃牛排了！

莊9點，莊勝。

白羊座仆街了。

## 南柯一夢

人生，如夢。

夢裡，如霧。

從霧裡間彼此心相近，默默地真切待人。

我們是～朋友～

請各位朋友當個錢，讓我們回家吧。

早叫你們別去賭，活該！

火象全體仆街了。

## 路環

必做：路環三寶半天遊。
必吃：安德魯葡撻。

## 路環三寶

路環有三寶：熊貓、沙灘、安德魯＊。

＊蛋塔專門店。

這裡是路環市區，熊貓和黑沙不在這個圖上。

美美的海邊。

A：這裡就是傳說中的「美女巷」，一定要去打卡！
B：安德魯餅店
C：情人街好像在這附近
D：黑色沙灘

路環是離澳門市中心最遙遠的地方，所以保留了昔日小島的寧靜。順帶一提，路環的形狀很像雪納瑞呢！

我們直接去石排灣郊野公園看大熊貓吧！！

一點郊野 FEEL 都沒有。

把天空還給我。

雙魚天秤座拒絕承認這是郊野公園。

## 黑白大戰

大熊貓真的超可愛的
我可以畫個 10 頁 8 頁
都完全沒有問題!

PIEPIE 呀～

臺灣和香港都有熊貓了,
所以你不用畫這個也 OK,
還是畫點別的吧～

可是大熊貓
很可愛耶!

不管!

做人開心最重要,
你餓不餓,我給你根竹吧。

作者決定拖稿來報復編輯姐姐。

## 失去才懂珍惜

除了大熊貓這裡還有別
的動物喔,像是小熊貓、

駝鳥、

和猴子。

烏龜呢?為什麼
沒有烏龜!

沒有烏龜的動
物園根本不是
好的動物園!

你對動物園有
什麼誤會嗎?

請看第 49 頁。

## 強 X 懸殊

去過石排灣後，可以坐巴士到路環市區，只要兩站就到了。

順帶一提，澳門巴士有轉乘優惠，在 40 分鐘內可享免費轉乘優惠～

嘖，少得窘臺中公車 10 里內免費呢！

澳門冬至也是假期你有嗎？

我六日雙休呀！

我 15 年免費教育！

我有健保呀！

香港人只能在一旁玩沙。

## 葡撻始祖

here

來到路環的朋友，記得要試試安德魯的葡撻喔！

金牛座，你要買少個？我幫你買吧！

不用了。

真不用？

嗯。

金牛座真傻，這麼好吃都不試，白來澳門了。

肯定是嫌貴啦，旅行就別計較。

真傻瓜。

明明後面可以坐在店裡吃，幹嘛站在外面？

I LOVE KANROUSE

跟著金牛果然是對的。

追求最高性價比的金牛座。

# 多此一舉

# 葡撻歷史

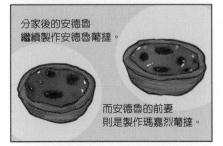

吃的是古早味。

請不要寄律師信給我。

## 中西對決

聖芳濟各聖堂

這間教堂的廣場
比起氹仔要更有 FEEL 呢！

不過為什麼有中文字？
這下都分不清是西方
FEEL 還是中國 FEEL 了！

天蠍座你夠了！別每次都嫌三嫌四的
我去你妹妹的！我以後都不要跟你
旅行了！！！！

天蠍座能在雞蛋裡挑出兩根骨頭。

## 千奇百趣路環街

情 人 街

AZINHAGA DOS AMORES

快點來拍照吧～

估計這次不會錯
AMORES 就是
LOVE 的意思！

將於能在浪漫的
街道下拍照了。

這個，雖然這街的
意思的確是愛……

不過你們在廁所
後面拍照有意思嗎？

那尼！為什麼是公廁！

公廁下的戀人。

## 黑沙之旅

都說路環有三寶，剩下的黑沙海灘又是什麼？

因為澳門位於珠江的出海口，所以帶有大量的沉積物，使得沙子都是黑黑的，這是澳門的特色喔！

黑色的沙、黑色的海！？

那還是另吃個葡撻就回去了吧⋯⋯

你們不去一下嗎？右邊剩下四格還沒畫呢⋯⋯

不管了。

因為等巴士很麻煩所以沒去到。

## 有緣再見

⋯⋯　⋯⋯

⋯⋯　⋯⋯

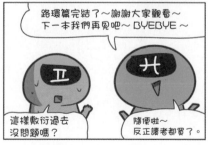

路環篇完結了～謝謝大家觀看～下一本我們再見吧～BYEBYE～

這樣敷衍過去沒問題嗎？

隨便啦～反正讀者都已留。

Fxxk！！

開封後不退不換。

隨便拍都很美的路環

傳說中的老虎巷

猜猜這是哪？

澳門註冊結婚的地方

這個穿得超緊身的就是嘉味了

# 星座專欄 3
## 旅行歸來

12星座結束一段旅行後，
回到家的他們會做些什麼事呢？

白羊座精力充沛，他們的旅程往往充滿了挑戰。

衝呀衝呀衝呀！

HOM

所以他們回家後通常得休息個幾天。才有辦法回歸現實生活。

死了死了我死了。

金牛座的旅行既慵懶又享受，他們會以旅行為藉口放縱自己大啖美食。

好吃好吃！

GYM

所以他們回家後需要去健身減肥。

好胖好胖！

雙子座的想法變化多端，他們的旅行可能充滿矛盾的安排。

報時出版社

這個超帥的！

這個很搞笑

這個哏很棒！

所以他們回來後會需要發呆放空。

Boss

152

巨蟹座的旅行都在為自己和旅伴們創造回憶。

所以他們回來需要整理照片，而且趁著整理照片的時候回味整個旅途。

快點把照片印好發給大家！

獅子座的旅行可能花很多錢買很多昂貴的東西。

買買買！

所以回來後他們會對自己發誓：繼續努力賺錢，下次再來個豪華團。

搬搬搬！

處女座會記下一路上不滿意的地方 / 特別欣賞的地方。

回家後打個日誌發表，提醒自己和別人哪裡不要去；哪裡值得一遊。

某某記有大便味，大家不要去。某某記店長是正妹，值得一去。

天秤座是非常擅長交際的星座，往往會在旅途中購買很多小紀念品。

給我來十份！

所以回來的第一件事，就是把伴手禮送給身邊所有人。

來～送你喏～

陳宅

天蠍座的旅行可能參雜了很多情緒上的回憶。

這個好讚耶。

奶茶

所以回來後他們會開始尋找，能帶來旅行回憶的各種東西。

為什麼你們沒賣葡式蛋塔快點給我去學呀！

射手座的人生就是在路上。

澳門我來了！

所以每次旅行之後回歸現實都會沮喪、絕望、抑鬱一段時間，覺得美好的時光過去了。

我的人生已死了。

摩羯座喜歡集郵式的旅程。

所以回來會在地圖上標記，世界上我曾去過哪些地方。

呵呵呵～

水瓶座喜歡不平凡，一般的旅程很難讓他們覺得滿足。

所以回來後馬上尋找下一個目標。

下一次去這吧！

雙魚座將旅行中的體驗轉化為靈感，投入手上正在做的事情中。

所以回來後會寫遊記、寫詩、寫歌、繪畫等來紀念這段旅程。

感謝大家購買！

## 旅行粵語小字典

由於粵語有9個聲調，比起國語多了一倍！所以即使大家使用的都是中文，可是要說出標準的粵語也不容易呢！

| 廣東話 | 意思 | 粵語讀音 |
|--------|------|----------|
| 靚仔 | 白飯 | ㄌㄧㄤˋ ㄗㄞˇ |
| 走青 | 不要蔥 | ㄗㄡˇ ㄑㄧㄥ |
| 畀錢 | 付錢 | ㄅㄟ ㄑㄧㄥˊ |
| 求其 | 隨便 | ㄎㄛ ㄎㄟˋ |
| 早抖 | 早點休息 | ㄗㄡˇ ㄊㄠˊ |
| 唔該晒 | 多謝 | ㄇㄨˇ ㄍㄞ ㄕㄞˇ |

以上翻譯由編輯姐姐負責，由此直接或間接引起的任何問題，我都不需負責。出了問題請扣她薪水就好了。

你這個叛徒！

（Adeus 為葡語的再見。）

FUN 050

# 星座大戰
## 勇闖澳門篇

作　　　者　PIEPIE ♓
主　　　編　陳信宏 ♐
責 任 編 輯　王瓊苹 ♍
責 任 企 畫　曾俊凱 ♎
美 術 協 助　亞樂設計 ♍

編 輯 顧 問　李采洪 ♍
董 事 長　趙政岷 ♐
出 版 者　時報文化出版企業股份有限公司
　　　　　　108019 臺北市和平西路 3 段 240 號 3 樓
　　　　　　發行專線－（02）2306-6842
　　　　　　讀者服務專線－（0800）231-705・（02）2304-7103
　　　　　　讀者服務傳真－（02）2304-6858
　　　　　　郵撥－ 19344724　時報文化出版公司
　　　　　　信箱－ 10899 臺北華江橋郵局第 99 信箱

時 報 悅 讀 網　http://www.readingtimes.com.tw
讀 者 服 務 信 箱　newlife@readingtimes.com.tw
時報愛讀者粉絲團　http://www.facebook.com/readingtimes.2
法 律 顧 問　理律法律事務所 陳長文律師、李念祖律師
印　　　刷　勁達印刷有限公司
初 版 一 刷　2018 年 10 月 12 日
初 版 三 刷　2023 年 12 月 4 日
定　　　價　新臺幣 250 元

時報文化出版公司成立於一九七五年，
並於一九九九年股票上櫃公開發行，於二○○八年脫離中時集團非屬旺中，
以「尊重智慧與創意的文化事業」為信念。
（缺頁或破損的書，請寄回更換）

星座大戰．勇闖澳門篇 / Piepie 作 . -- 初版 . --
　臺北市：時報文化，2017.10
　面；　公分 . -- (Fun 系列；50)
ISBN 978-957-13-7546-5( 平裝 )

1. 占星術 2. 漫畫

292.22　　　　　　　　　　107015481

ISBN　978-957-13-7546-5
Printed in Taiwan